Kleiner Tai & Omi Sue

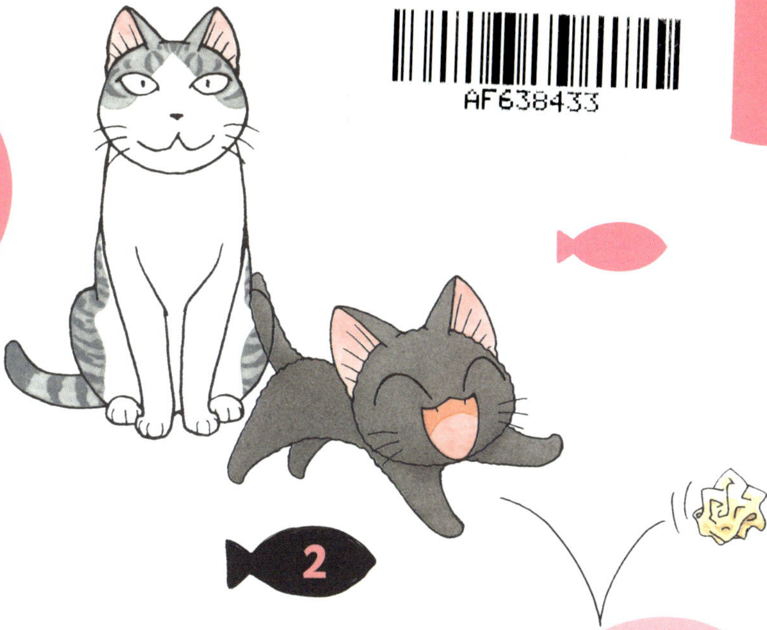

2

Konami
Kanata

Inhalt

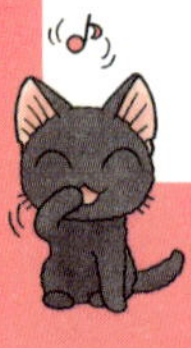

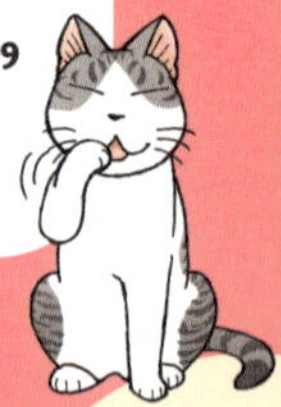

MIAU 17 Katzenyoga

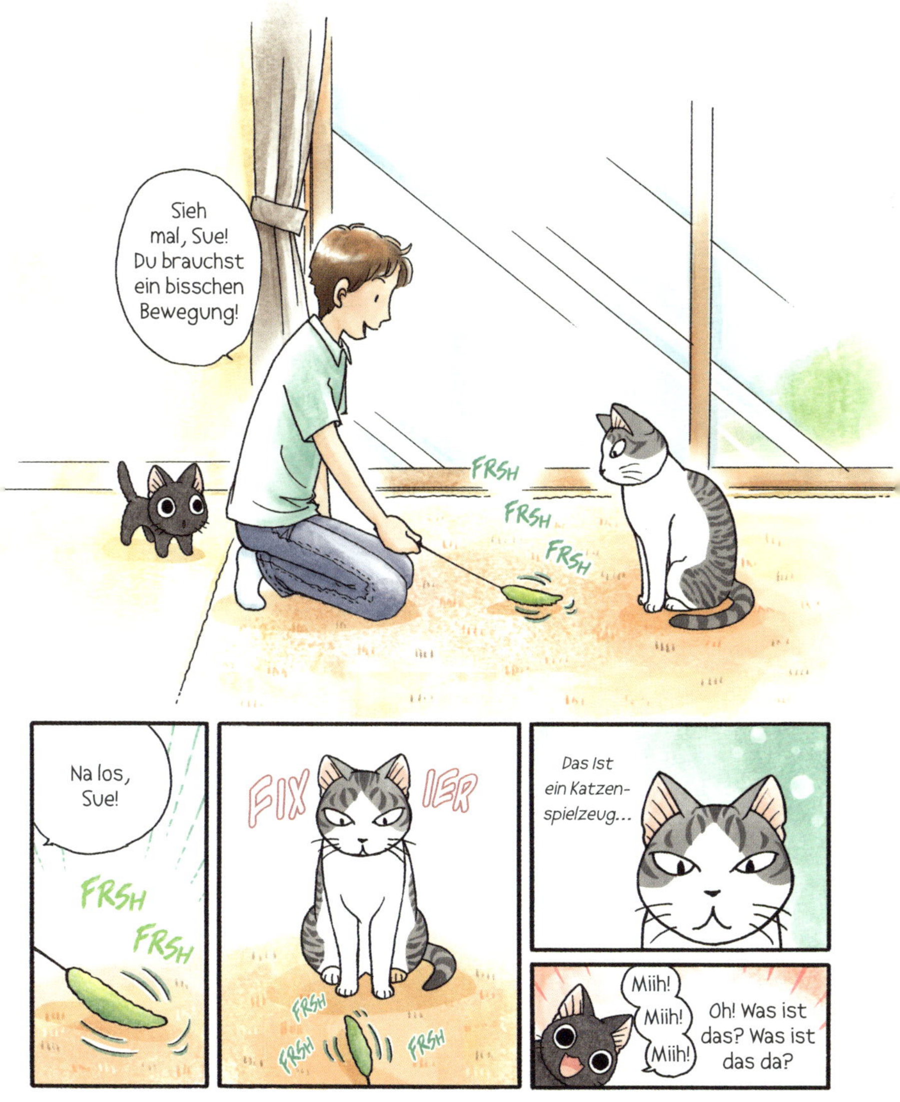

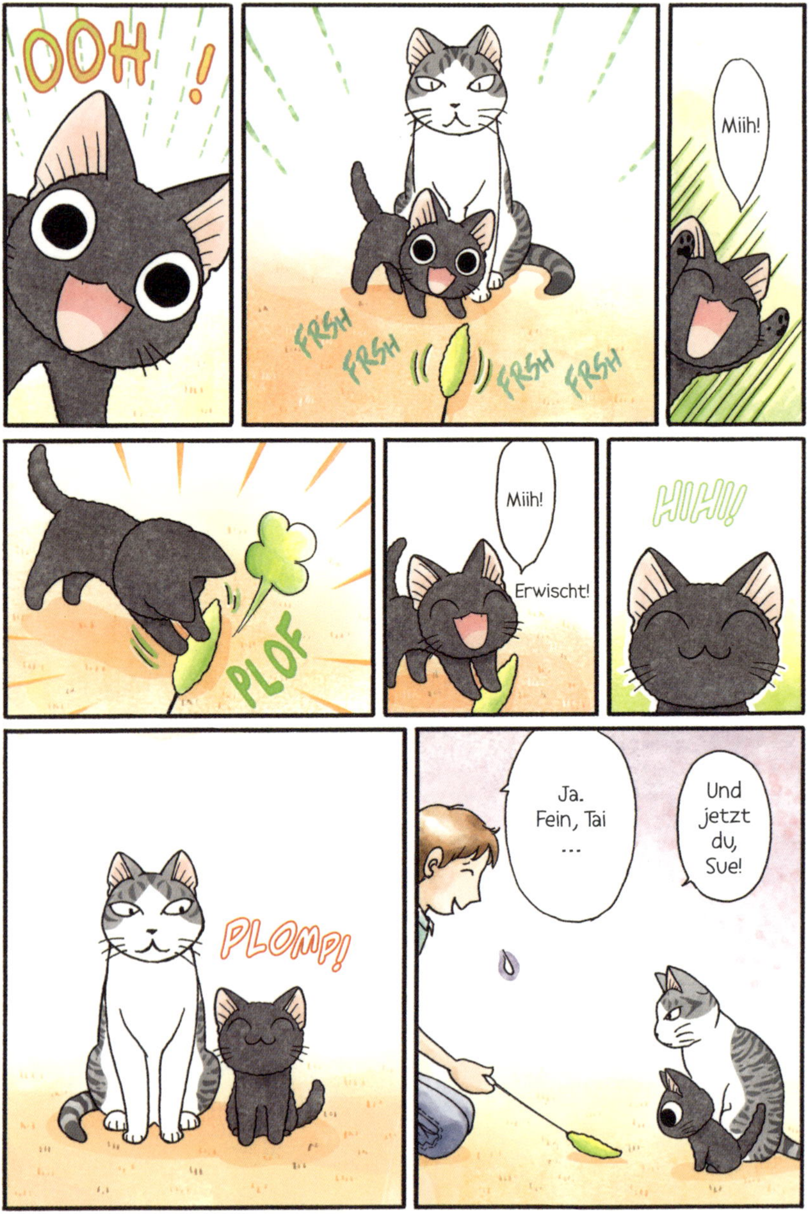
OOH!
FRSH FRSH FRSH FRSH
Miih!
PLOF
Miih!
Erwischt!
HIHI!
PLOMP!
Ja. Fein, Tai ...
Und jetzt du, Sue!

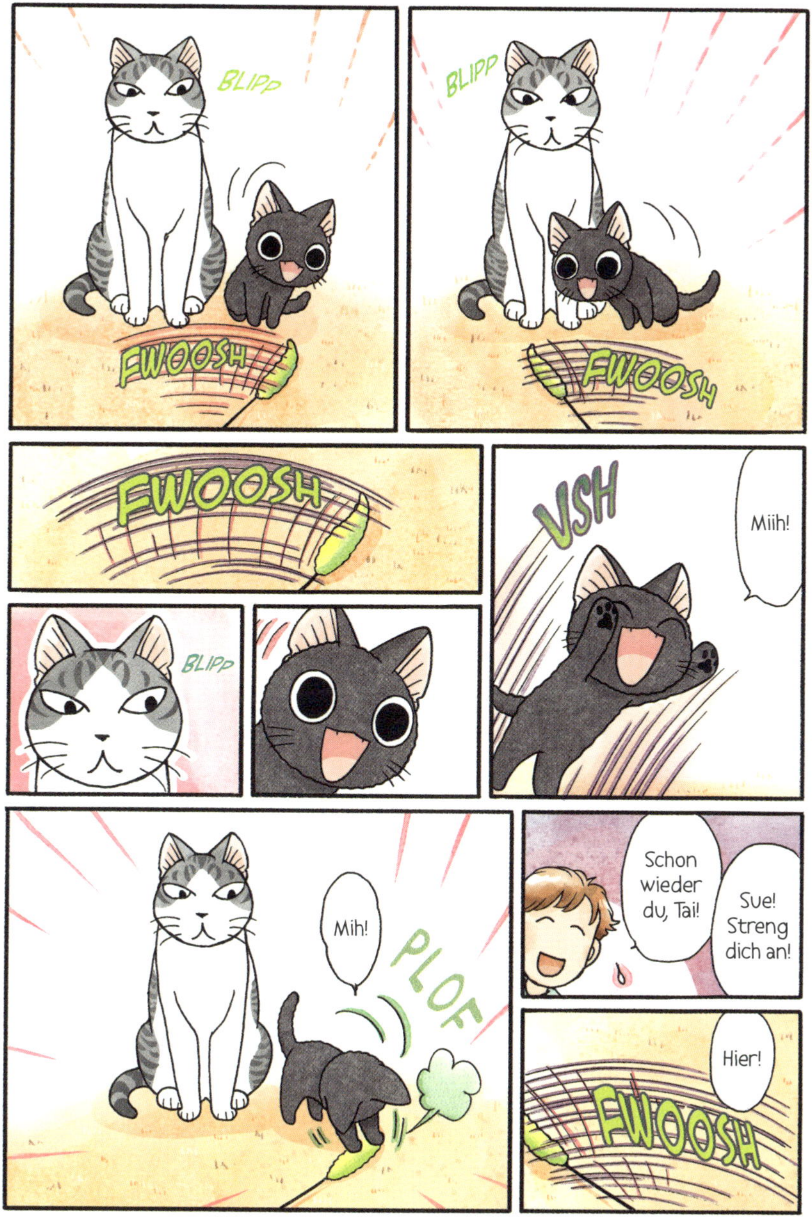
BLIPP
FWOOSH
BLIPP
FWOOSH
FWOOSH
BLIPP
VSH
Miih!
Mih!
PLOF
Schon wieder du, Tai!
Sue! Streng dich an!
Hier!
FWOOSH

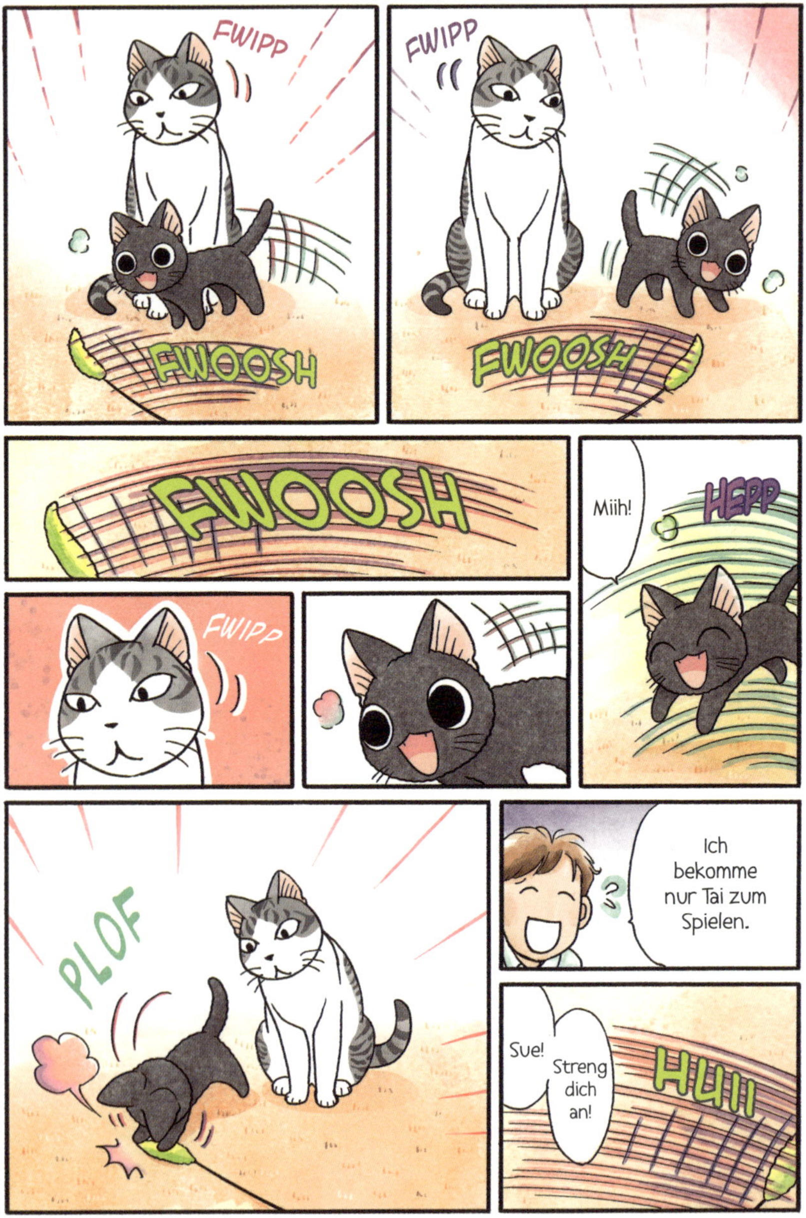

FWIPP
FWOOSH
FWIPP
FWOOSH
FWOOSH
Miih!
HEPP
FWIPP
PLOF
Ich bekomme nur Tai zum Spielen.
Sue!
Streng dich an!
HUII

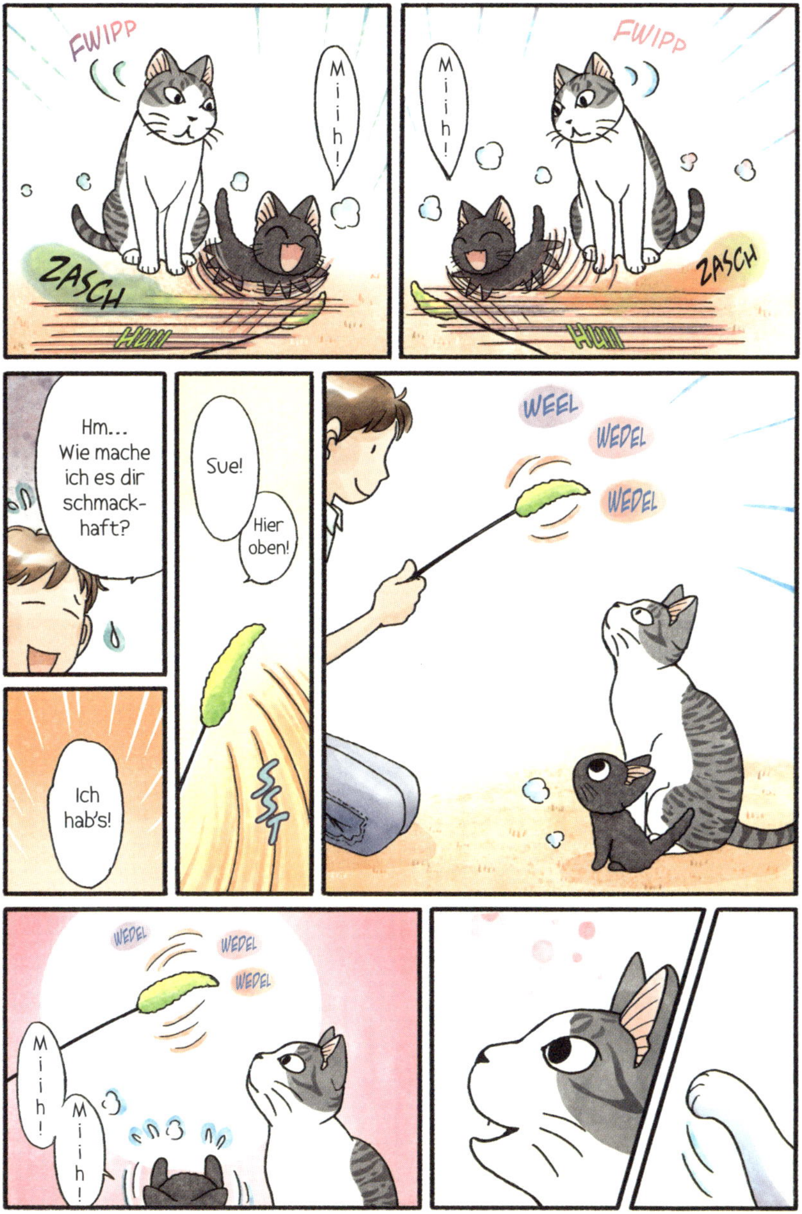

FWIPP
Miih!
ZASCH
HUIII
Miih!
FWIPP
ZASCH
HUIII
Hm... Wie mache ich es dir schmackhaft?
Ich hab's!
Sue!
Hier oben!
SST
WEEL
WEDEL
WEDEL
WEDEL
WEDEL
WEDEL
Miih!
Miih!

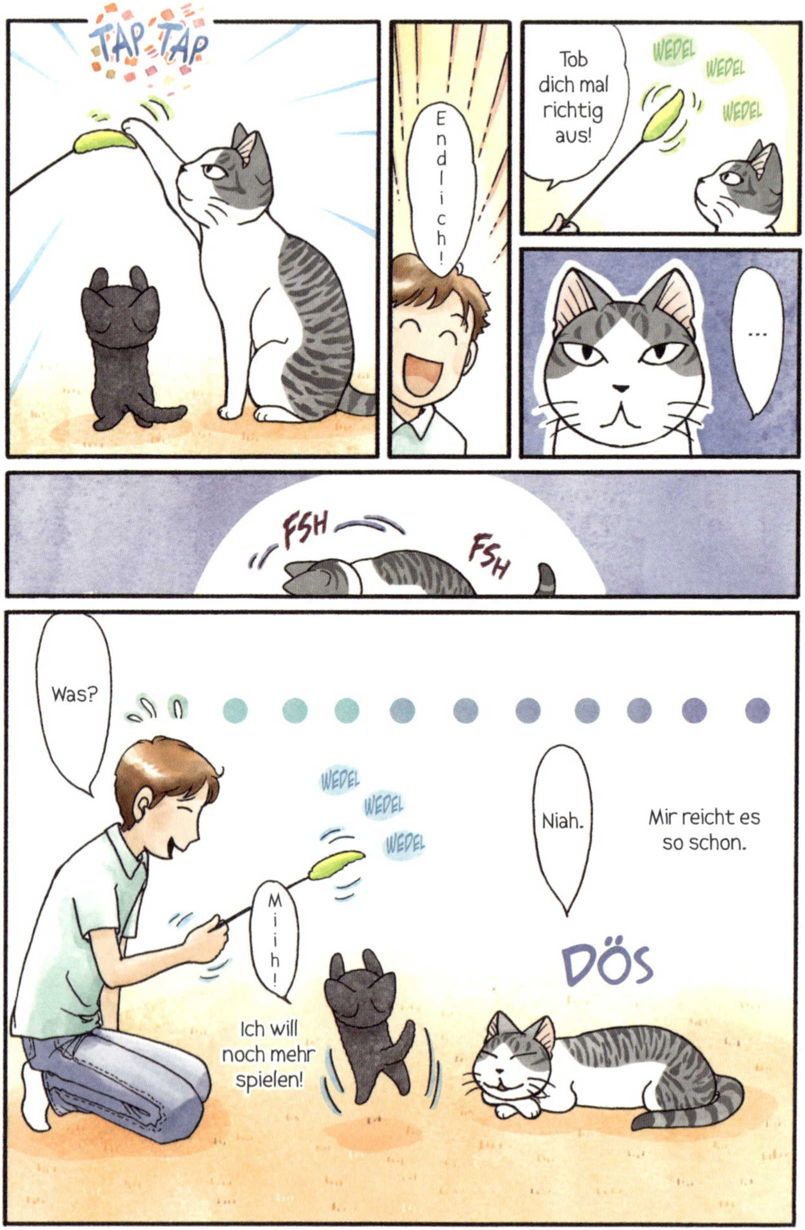
TAP TAP
Endlich!
Tob dich mal richtig aus!
WEDEL
WEDEL
WEDEL
...
FSH
FSH
Was?
WEDEL
WEDEL
WEDEL
Miih!
Ich will noch mehr spielen!
Niah.
Mir reicht es so schon.
DÖS

MIAU 18 Respekt & Würde, bitte!

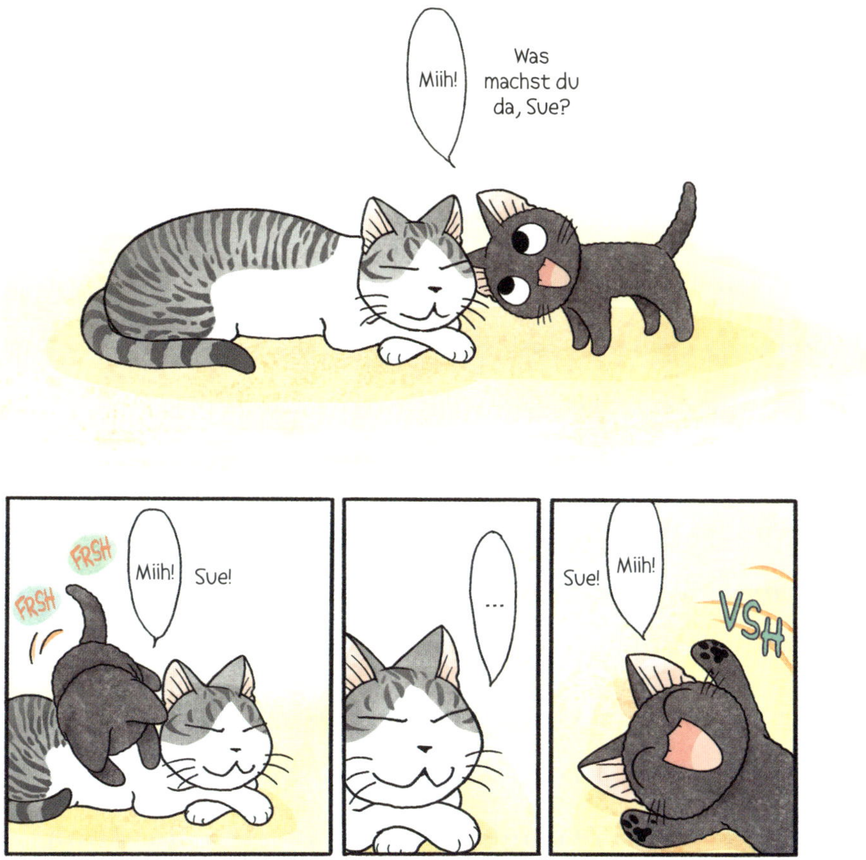

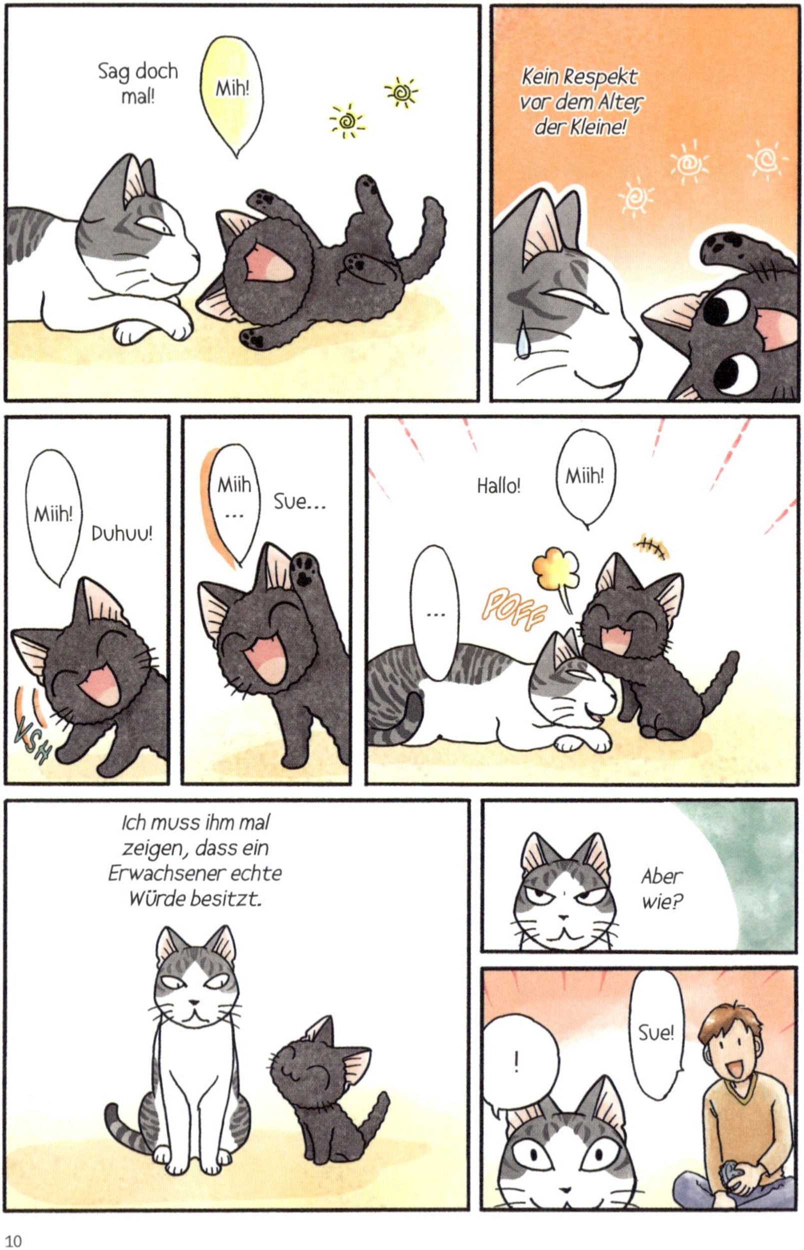
Sag doch mal!
Mih!
Kein Respekt vor dem Alter, der Kleine!
Miih!
Duhuu!
VSH
Miih ...
Sue...
Hallo!
Miih!
...
POFF
Ich muss ihm mal zeigen, dass ein Erwachsener echte Würde besitzt.
Aber wie?
!
Sue!

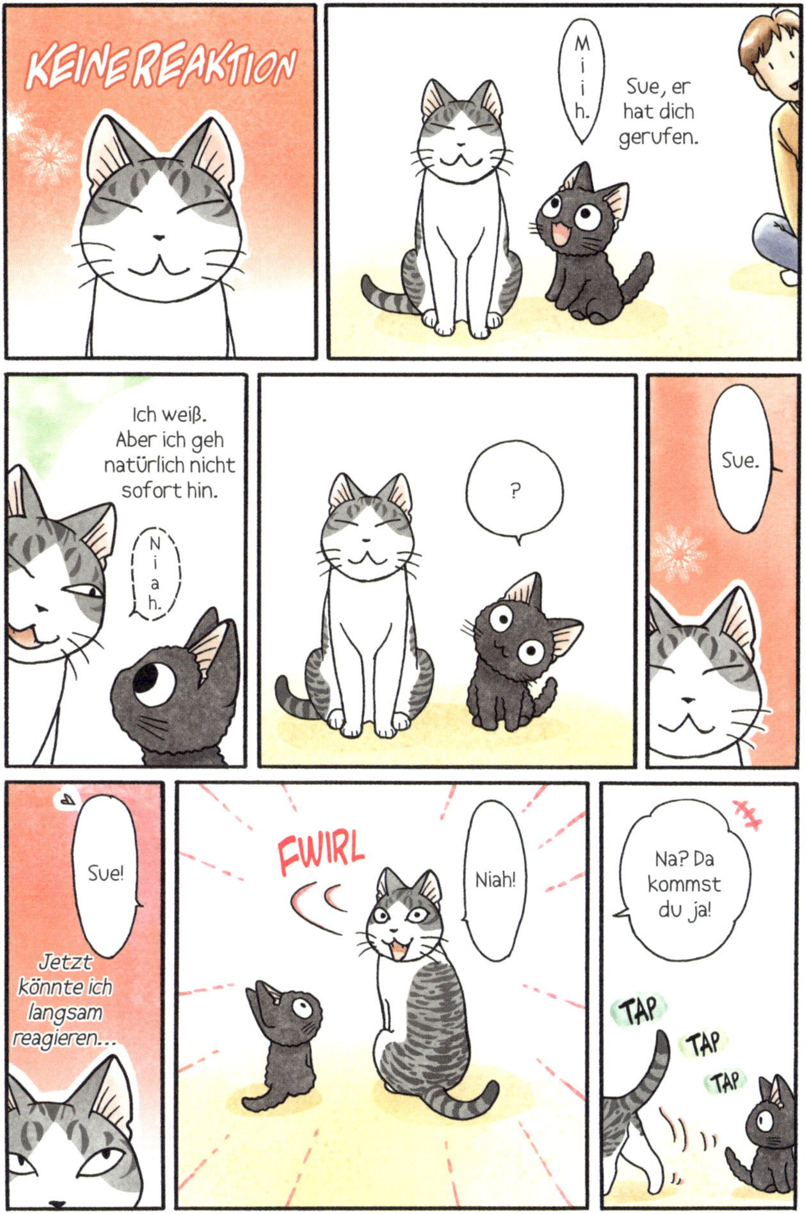
KEINE REAKTION
Miih.
Sue, er hat dich gerufen.
Ich weiß. Aber ich geh natürlich nicht sofort hin.
Niah.
?
Sue.
Sue!
Jetzt könnte ich langsam reagieren...
FWIRL
Niah!
Na? Da kommst du ja!
TAP
TAP
TAP

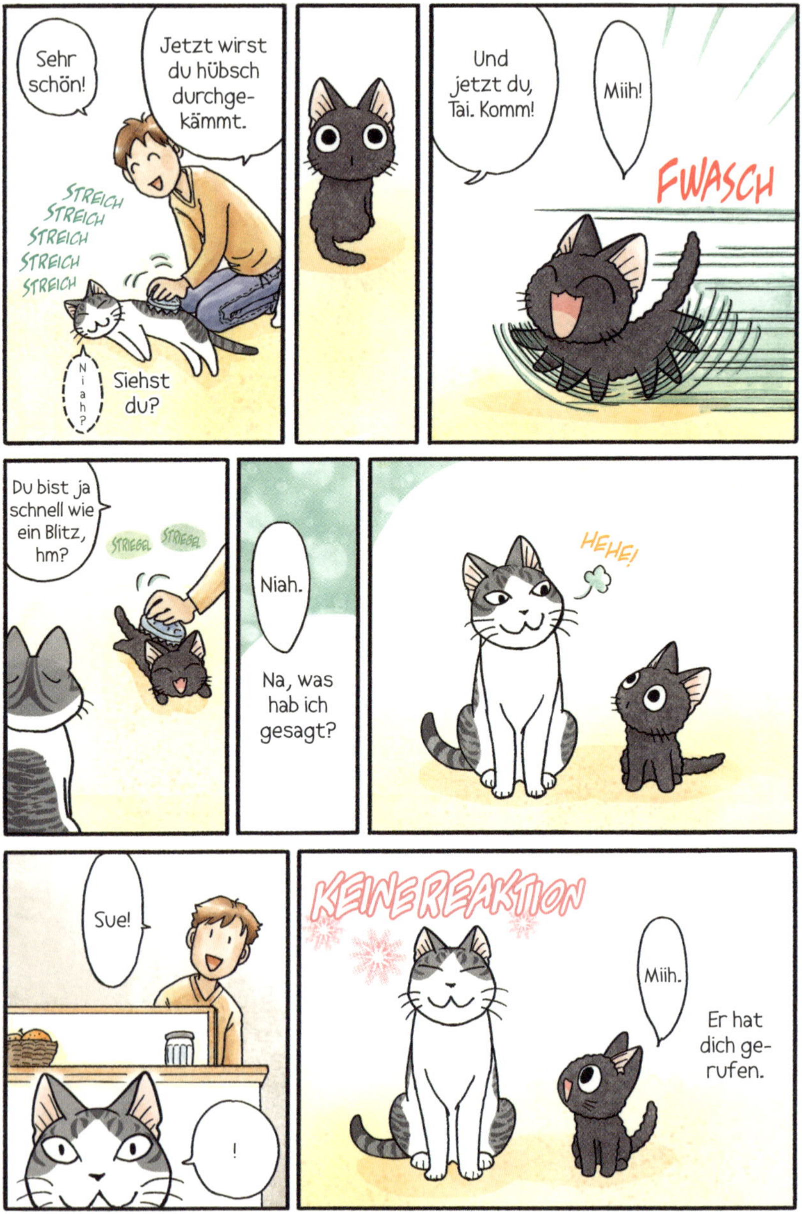
Jetzt wirst du hübsch durchgekämmt.
Sehr schön!
STREICH STREICH STREICH STREICH STREICH
Siehst du?
Niah?
Miih!
Und jetzt du, Tai. Komm!
FWASCH
Du bist ja schnell wie ein Blitz, hm?
STRIEGEL STRIEGEL
Niah.
Na, was hab ich gesagt?
HEHE!
Sue!
!
KEINE REAKTION
Miih.
Er hat dich gerufen.

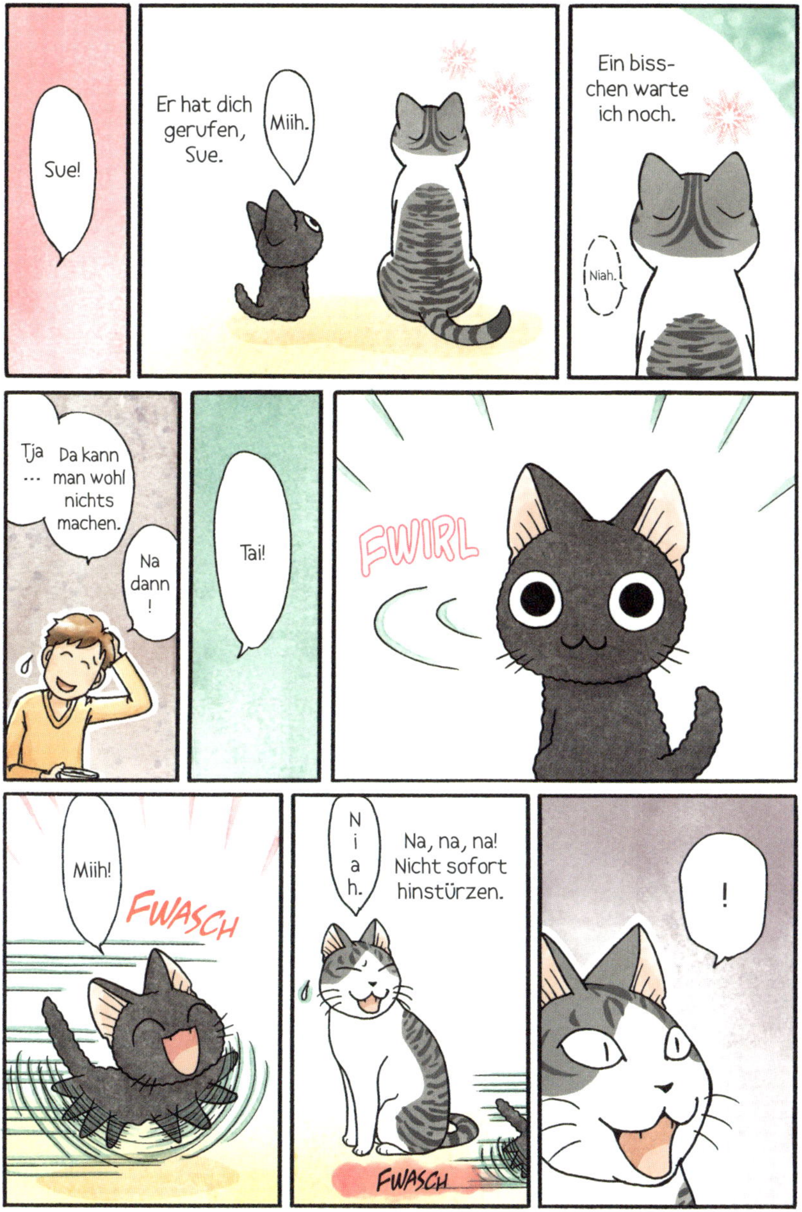

Sue!
Er hat dich gerufen, Sue.
Miih.
Ein bisschen warte ich noch.
Niah.
Tja …
Da kann man wohl nichts machen.
Na dann!
Tai!
FWIRL
Miih!
FWASCH
Niah.
Na, na, na! Nicht sofort hinstürzen.
FWASCH
!

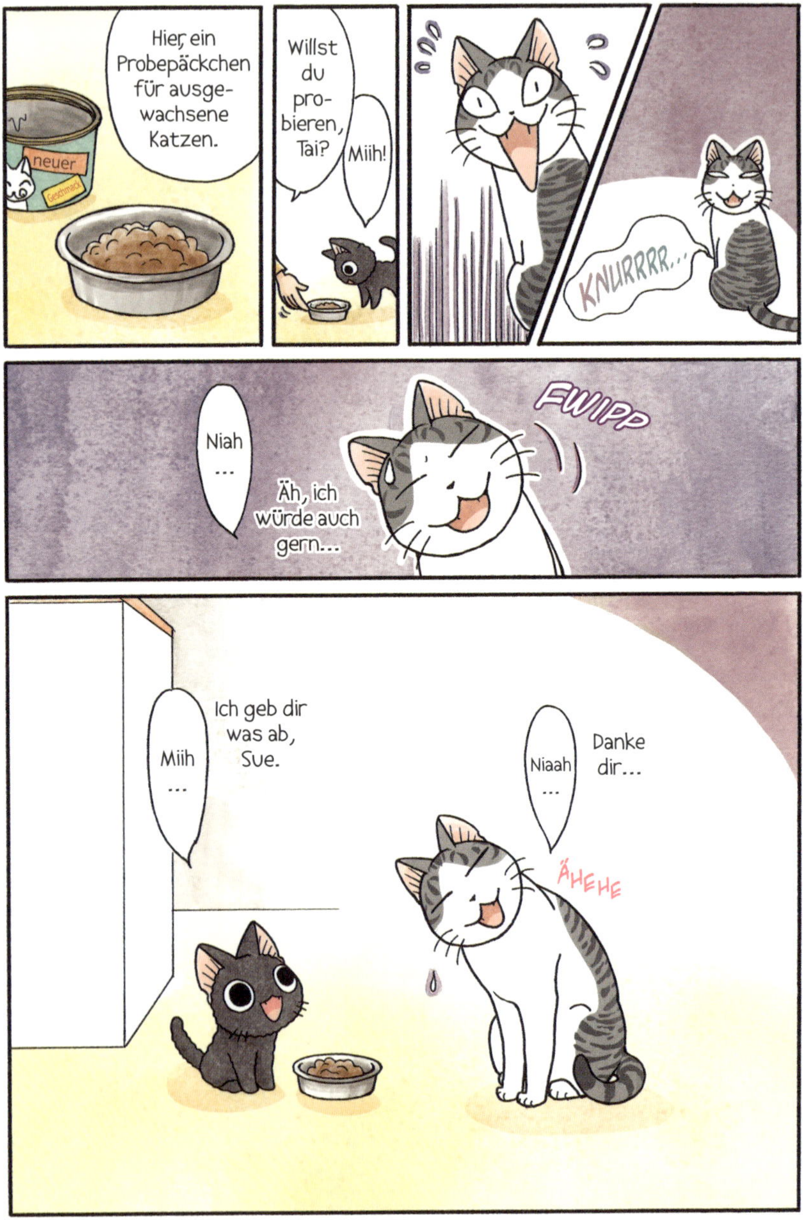
neuer
Geschmack
Hier, ein Probepäckchen für ausgewachsene Katzen.
Willst du probieren, Tai?
Miih!
KNURRRR...
Niah ...
Äh, ich würde auch gern...
FWIPP
Miih ...
Ich geb dir was ab, Sue.
Niaah ...
Danke dir...
ÄHEHE

MIAU 19 Einmal passieren, bitte!

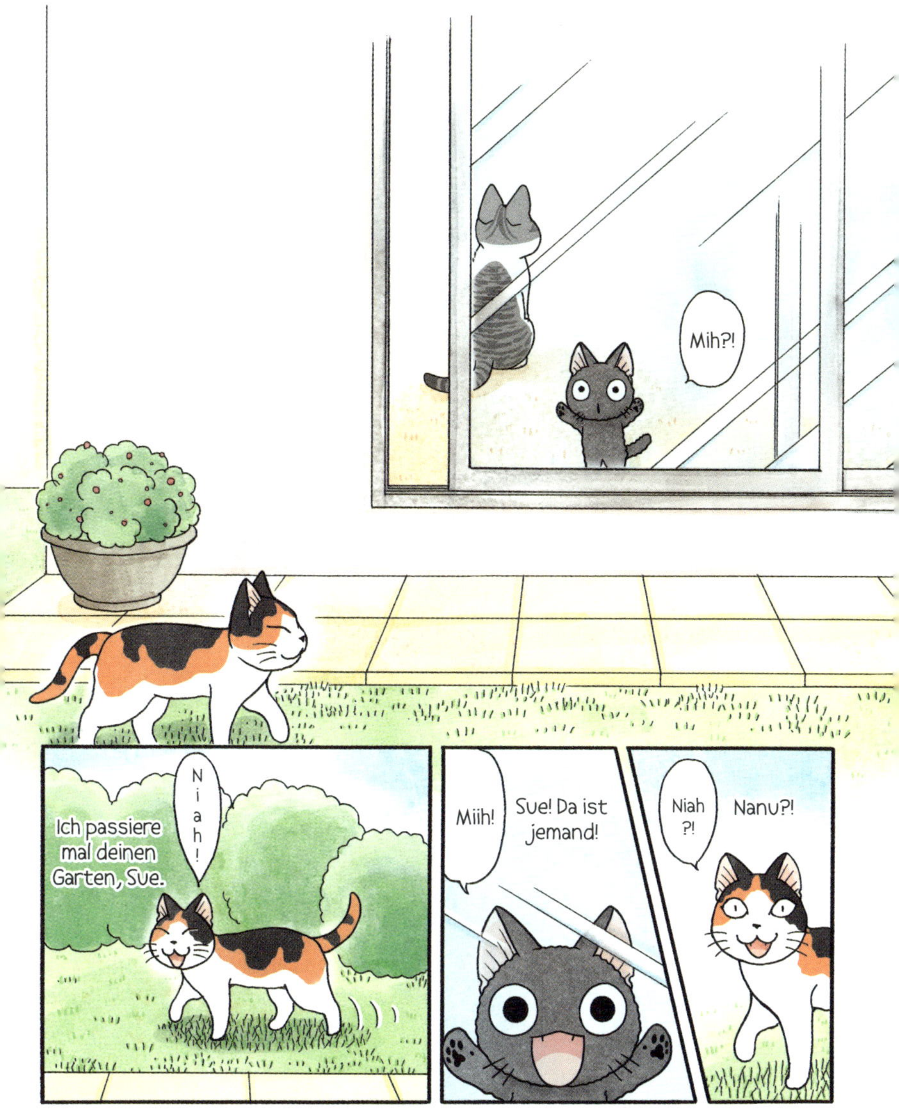

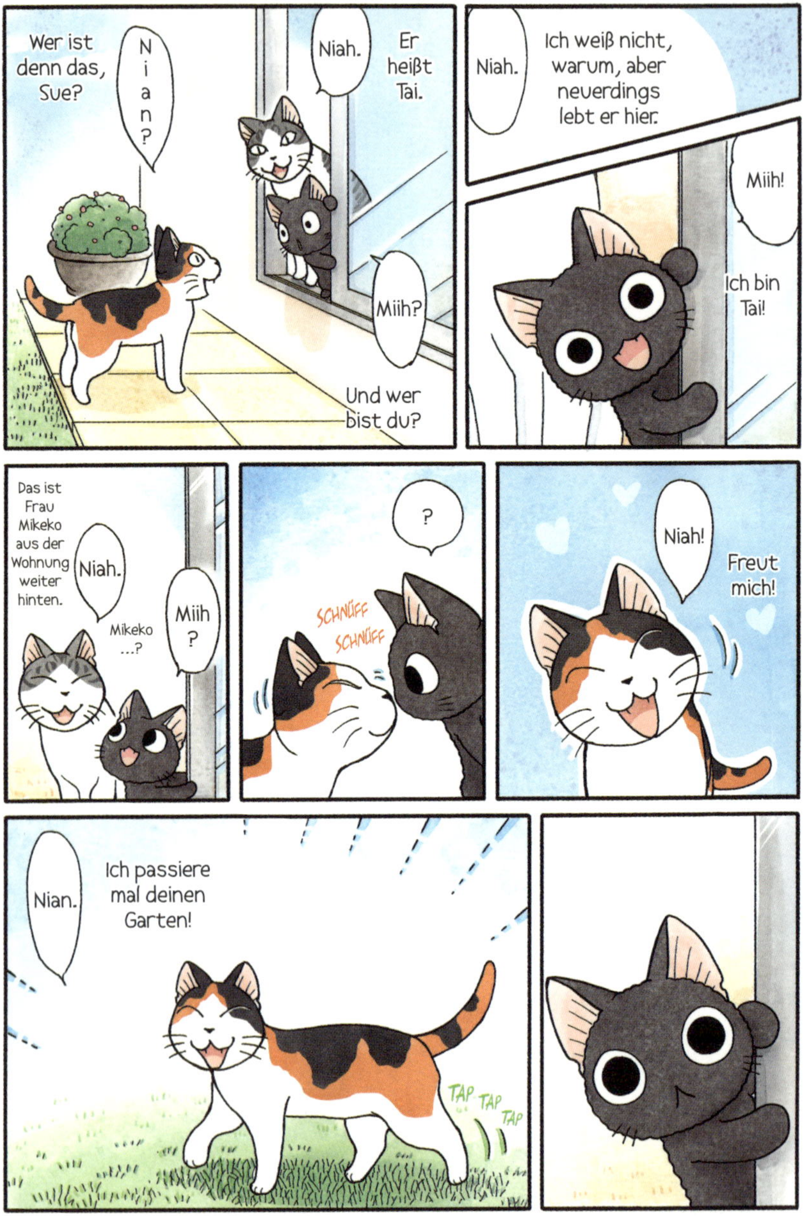
Wer ist denn das, Sue?
Nian?
Niah.
Er heißt Tai.
Miih?
Und wer bist du?
Niah.
Ich weiß nicht, warum, aber neuerdings lebt er hier.
Miih!
Ich bin Tai!
Niah.
Das ist Frau Mikeko aus der Wohnung weiter hinten.
Miih?
Mikeko ...?
?
SCHNÜFF
SCHNÜFF
Niah!
Freut mich!
Nian.
Ich passiere mal deinen Garten!
TAP TAP TAP

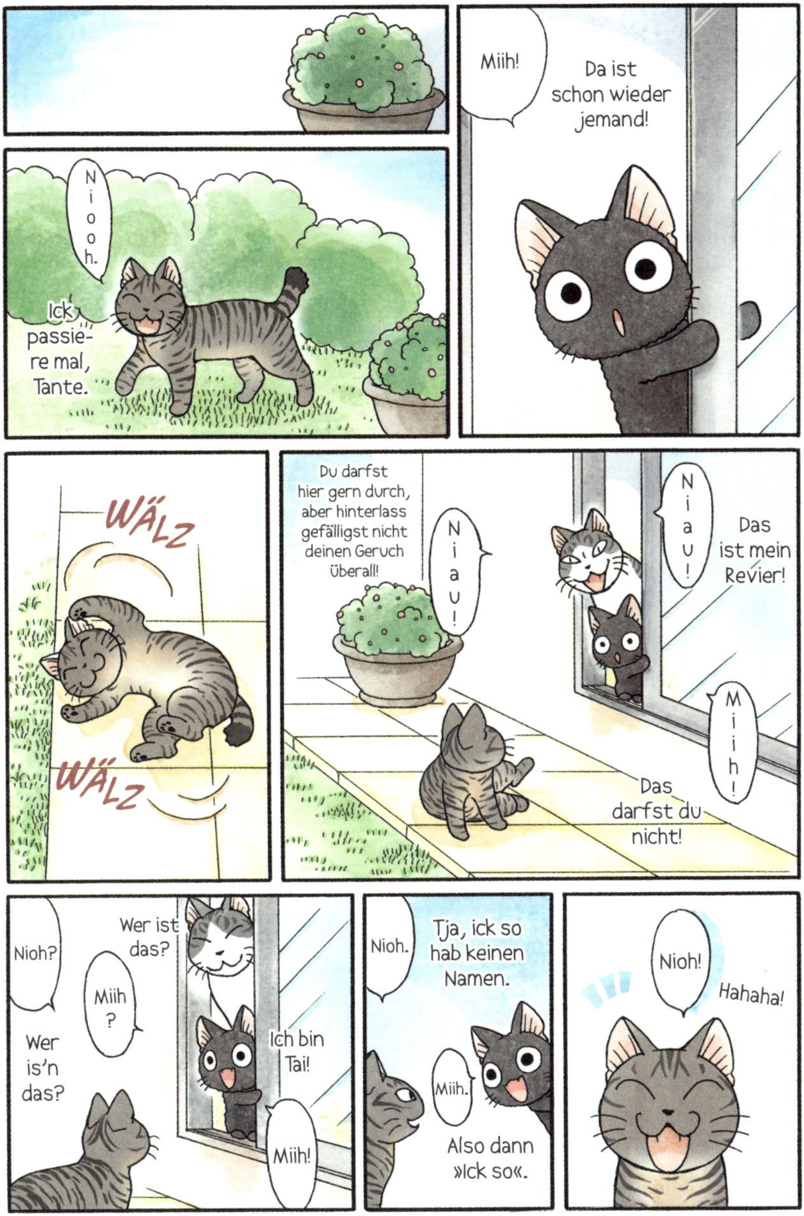
Niooh.
Ick passiere mal, Tante.
Miih!
Da ist schon wieder jemand!
WÄLZ
WÄLZ
Du darfst hier gern durch, aber hinterlass gefälligst nicht deinen Geruch überall!
Niau!
Niau!
Das ist mein Revier!
Miih!
Das darfst du nicht!
Nioh?
Wer is'n das?
Miih?
Wer ist das?
Ich bin Tai!
Miih!
Nioh.
Tja, ick so hab keinen Namen.
Miih.
Also dann »Ick so«.
Nioh!
Hahaha!

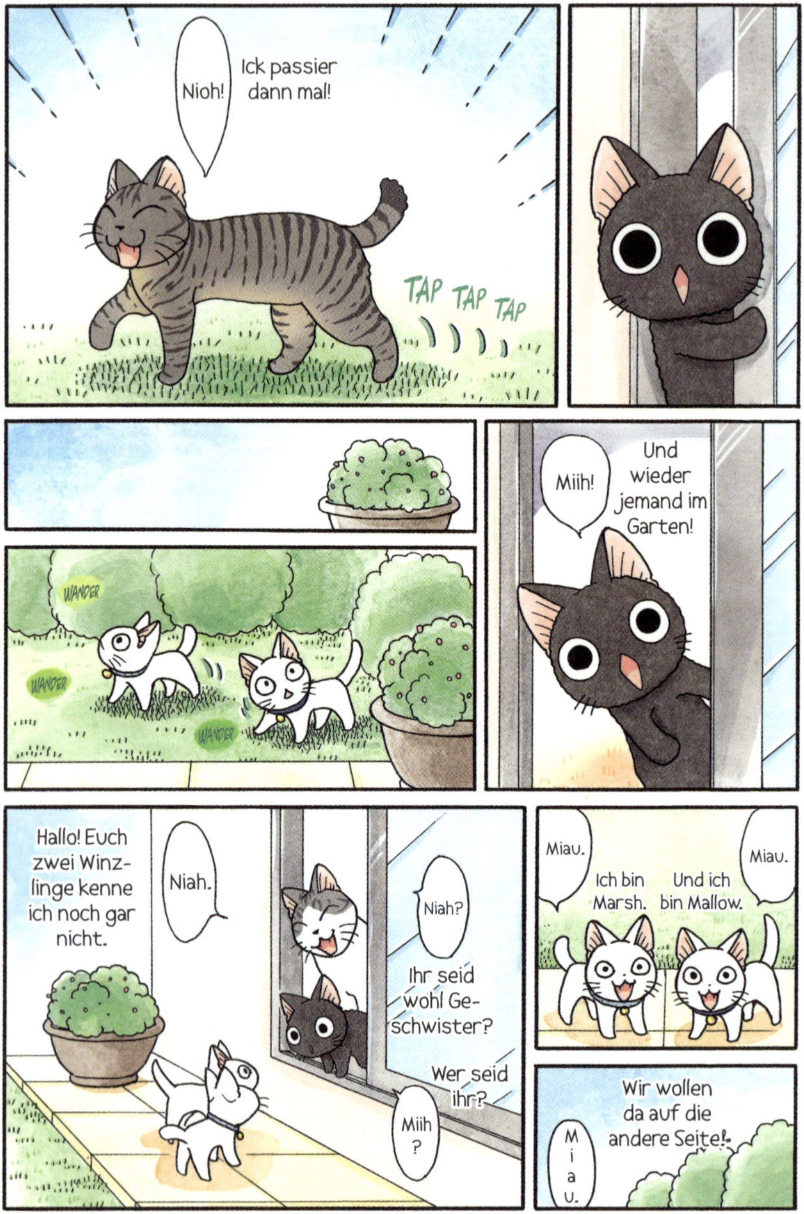
Nioh!
Ick passier dann mal!
TAP TAP TAP
Miih!
Und wieder jemand im Garten!
WANDER
WANDER
WANDER
Hallo! Euch zwei Winzlinge kenne ich noch gar nicht.
Niah.
Niah?
Ihr seid wohl Geschwister?
Miih?
Wer seid ihr?
Miau.
Ich bin Marsh.
Miau.
Und ich bin Mallow.
Miau.
Wir wollen da auf die andere Seite!

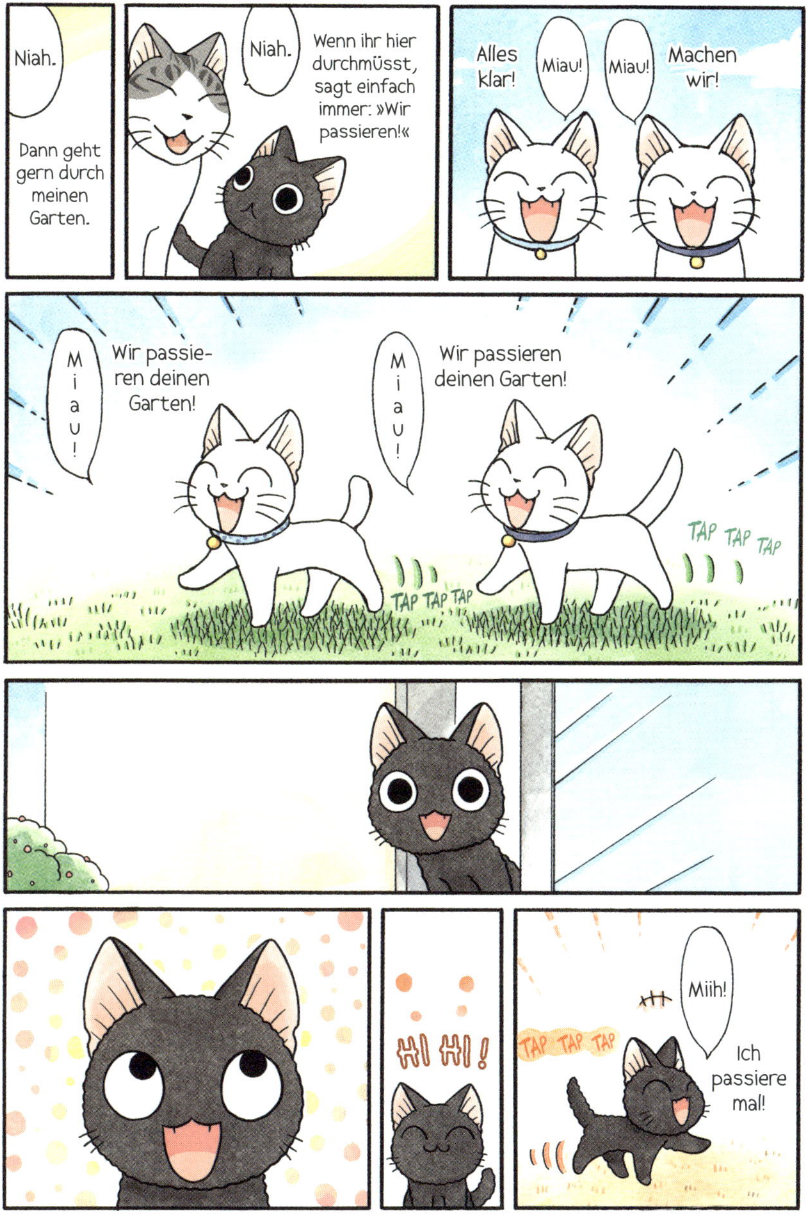
Niah.
Dann geht gern durch meinen Garten.
Niah.
Wenn ihr hier durchmüsst, sagt einfach immer: »Wir passieren!«
Alles klar!
Miau!
Miau!
Machen wir!
Miau!
Wir passieren deinen Garten!
Miau!
Wir passieren deinen Garten!
TAP TAP TAP
TAP TAP TAP
HI HI!
TAP TAP TAP
Miih!
Ich passiere mal!

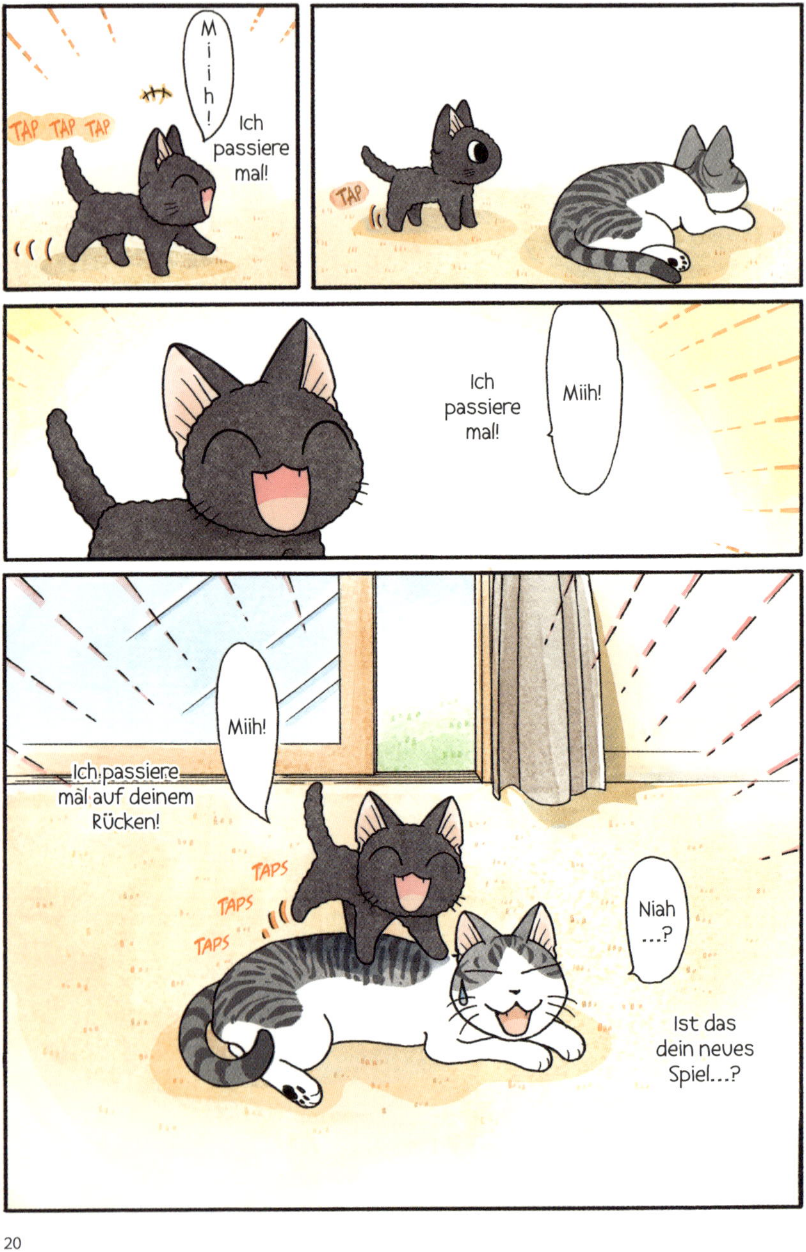

TAP TAP TAP
Miih!
Ich passiere mal!
TAP
Ich passiere mal!
Miih!
Miih!
Ich passiere mal auf deinem Rücken!
TAPS
TAPS
TAPS
Niah ...?
Ist das dein neues Spiel...?

MIAU 20 Und noch mehr Passierspaß!

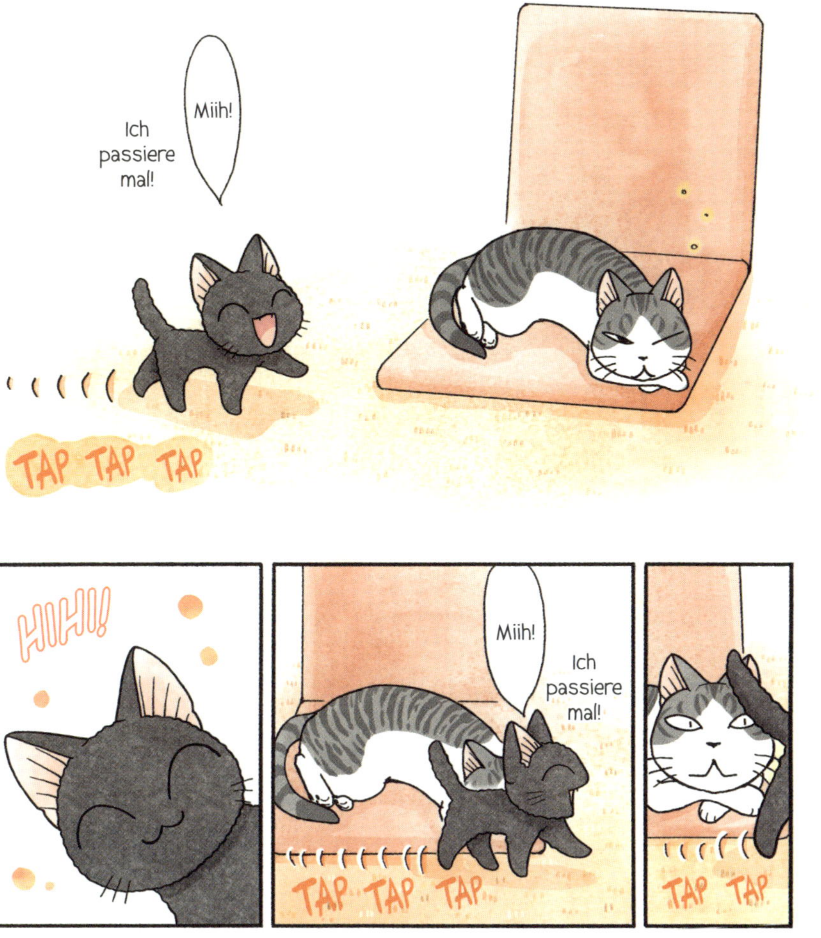

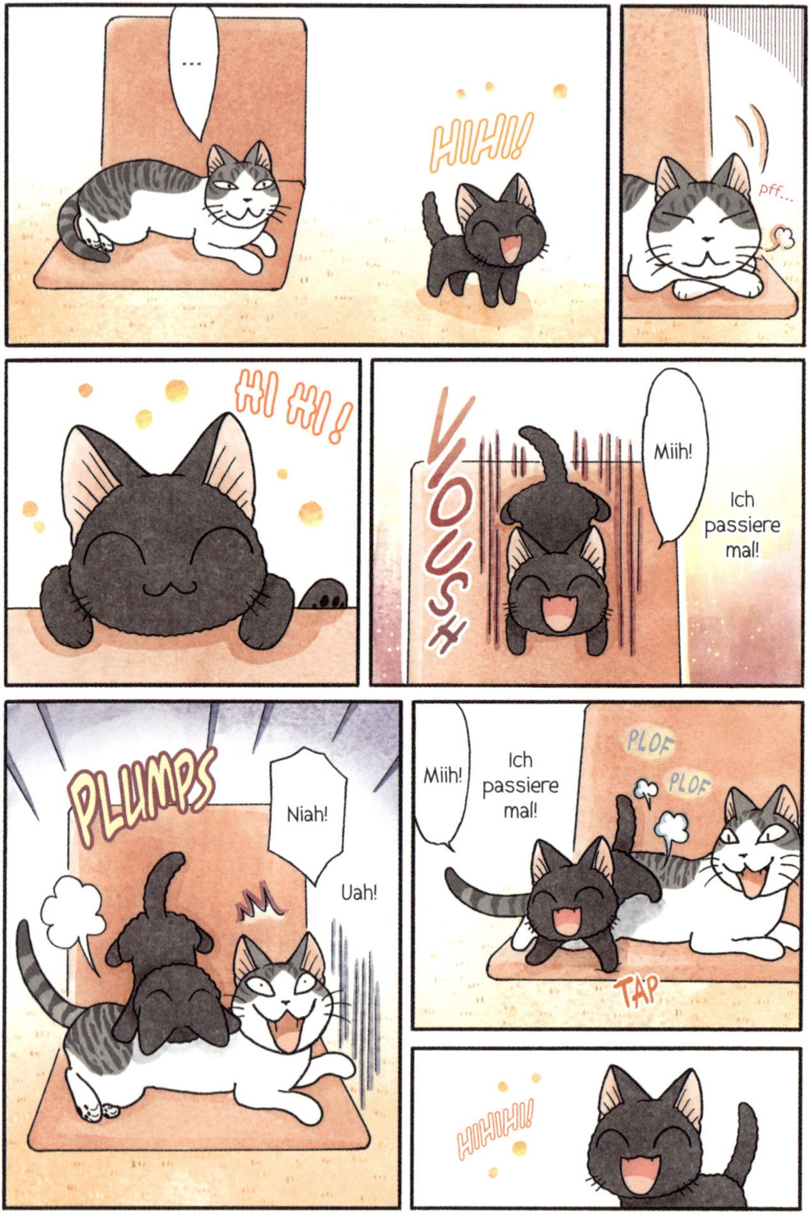
...
HIHI!
pff...
HI HI!
VIOUSH
Miih!
Ich passiere mal!
PLUMPS
Niah!
Uah!
Miih!
Ich passiere mal!
PLOF
PLOF
TAP
HIHIHI!

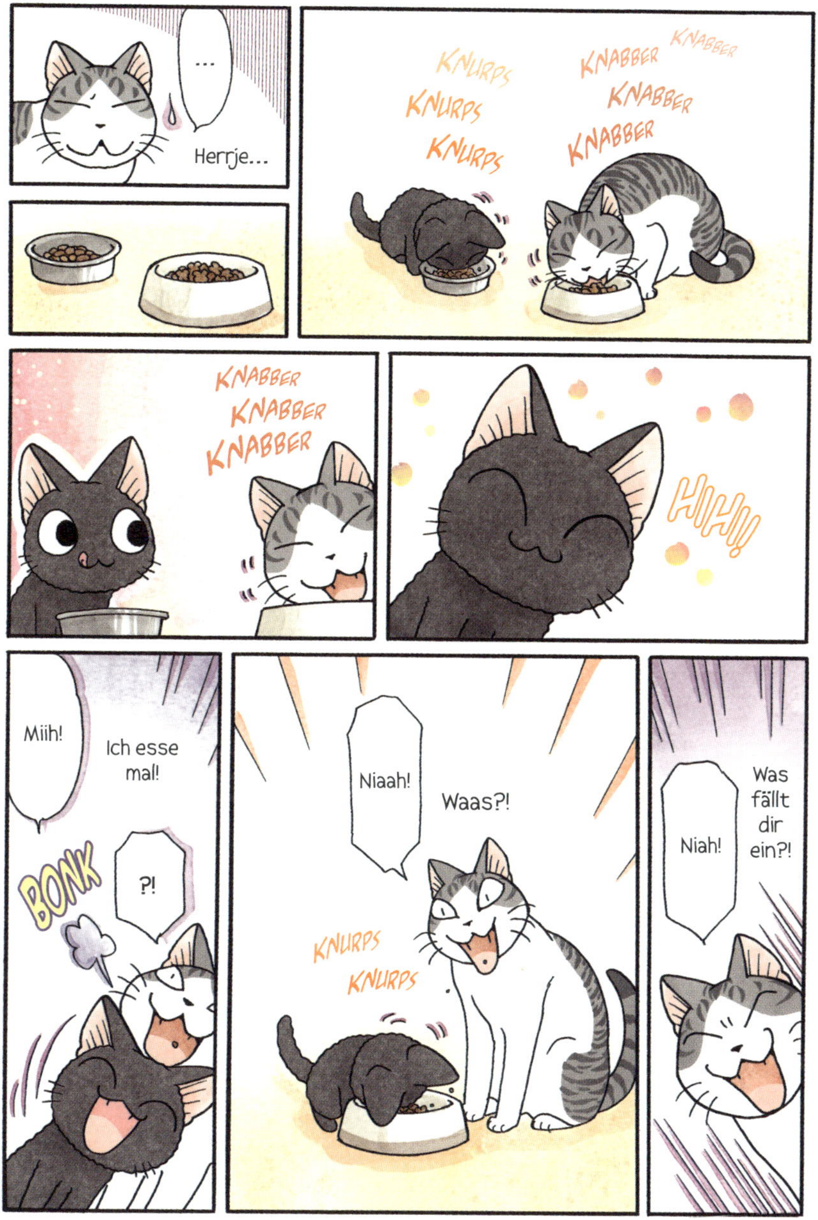
...
Herrje...
KNURPS
KNURPS
KNURPS
KNABBER
KNABBER
KNABBER
KNABBER
KNABBER
KNABBER
KNABBER
HIHI!
Miih!
Ich esse mal!
BONK
?!
Niaah!
Waas?!
KNURPS
KNURPS
Niah!
Was fällt dir ein?!

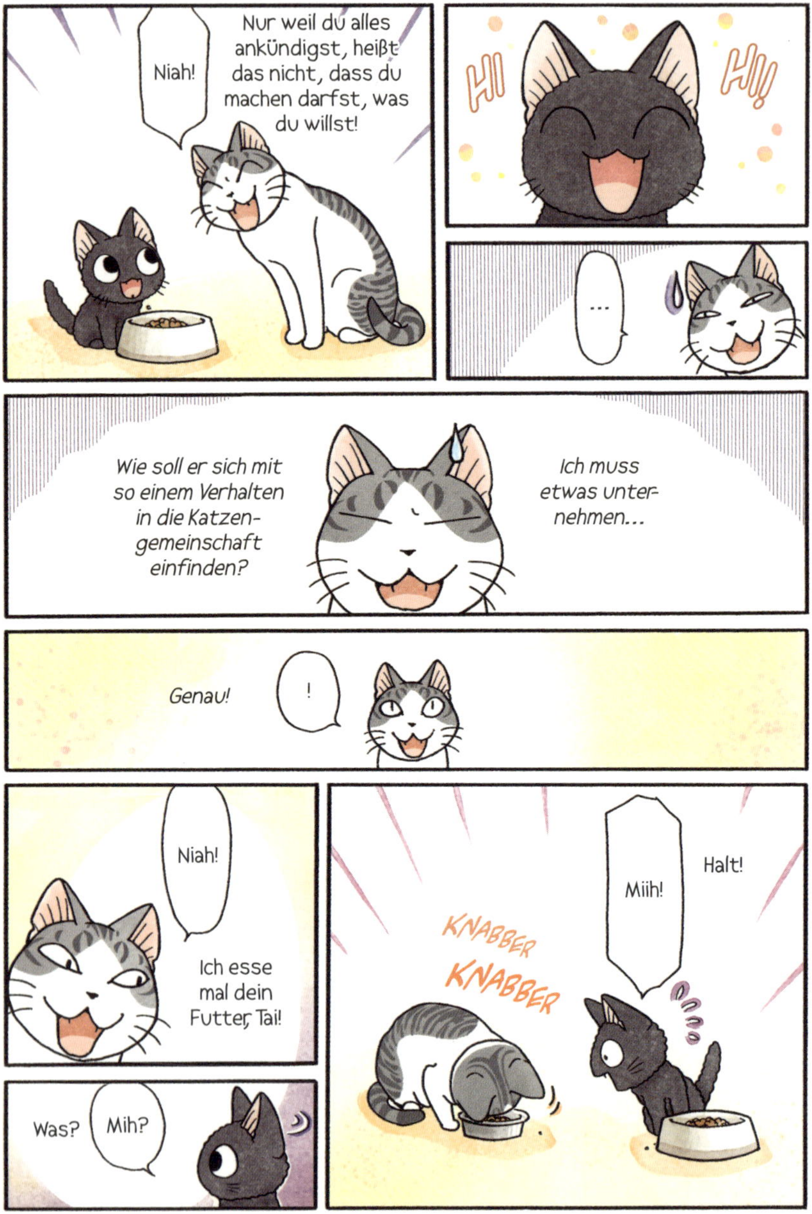
Niah!
Nur weil du alles ankündigst, heißt das nicht, dass du machen darfst, was du willst!
HI HI!
...
Wie soll er sich mit so einem Verhalten in die Katzengemeinschaft einfinden?
Ich muss etwas unternehmen...
Genau!
!
Niah!
Ich esse mal dein Futter, Tai!
Was?
Mih?
KNABBER
KNABBER
Miih!
Halt!

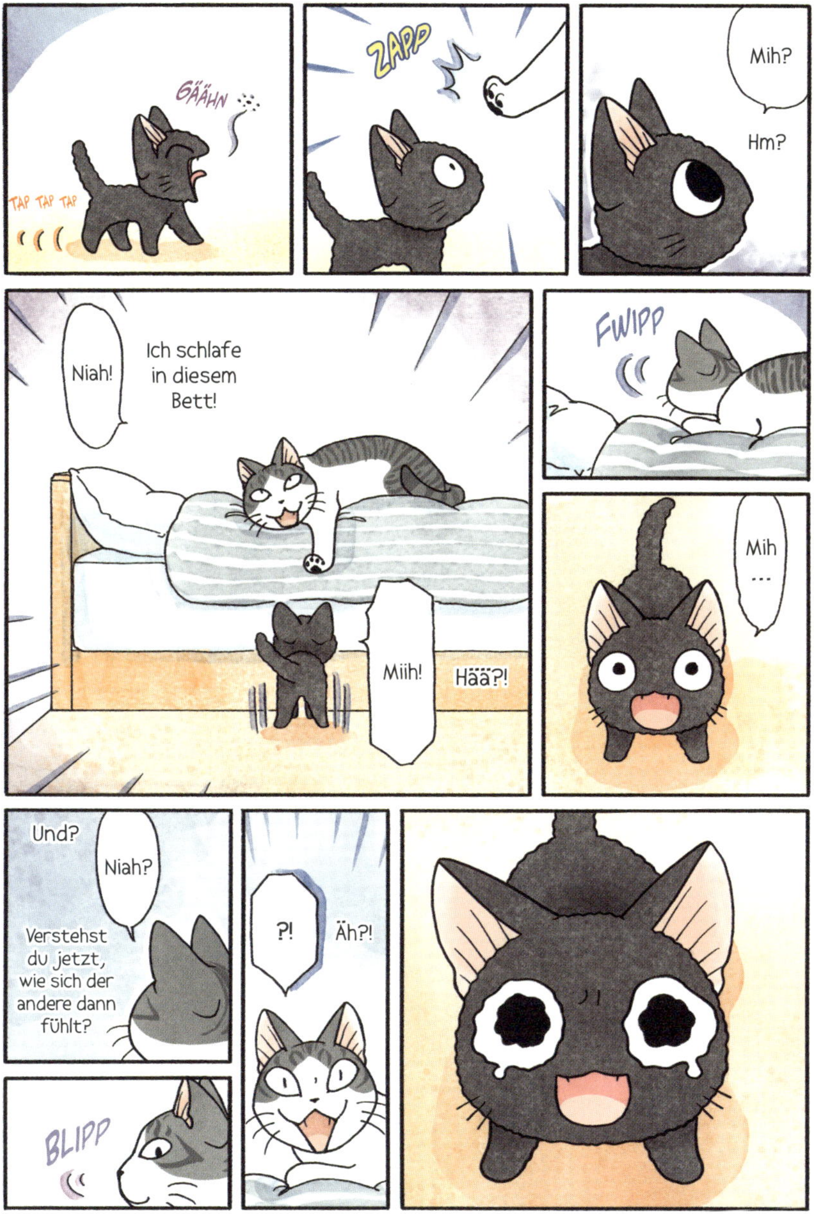
TAP TAP TAP
GÄÄHN
ZAPP
Mih?
Hm?
Niah!
Ich schlafe in diesem Bett!
Miih!
Hää?!
FWIPP
Mih ...
Und?
Niah?
Verstehst du jetzt, wie sich der andere dann fühlt?
BLIPP
?!
Äh?!

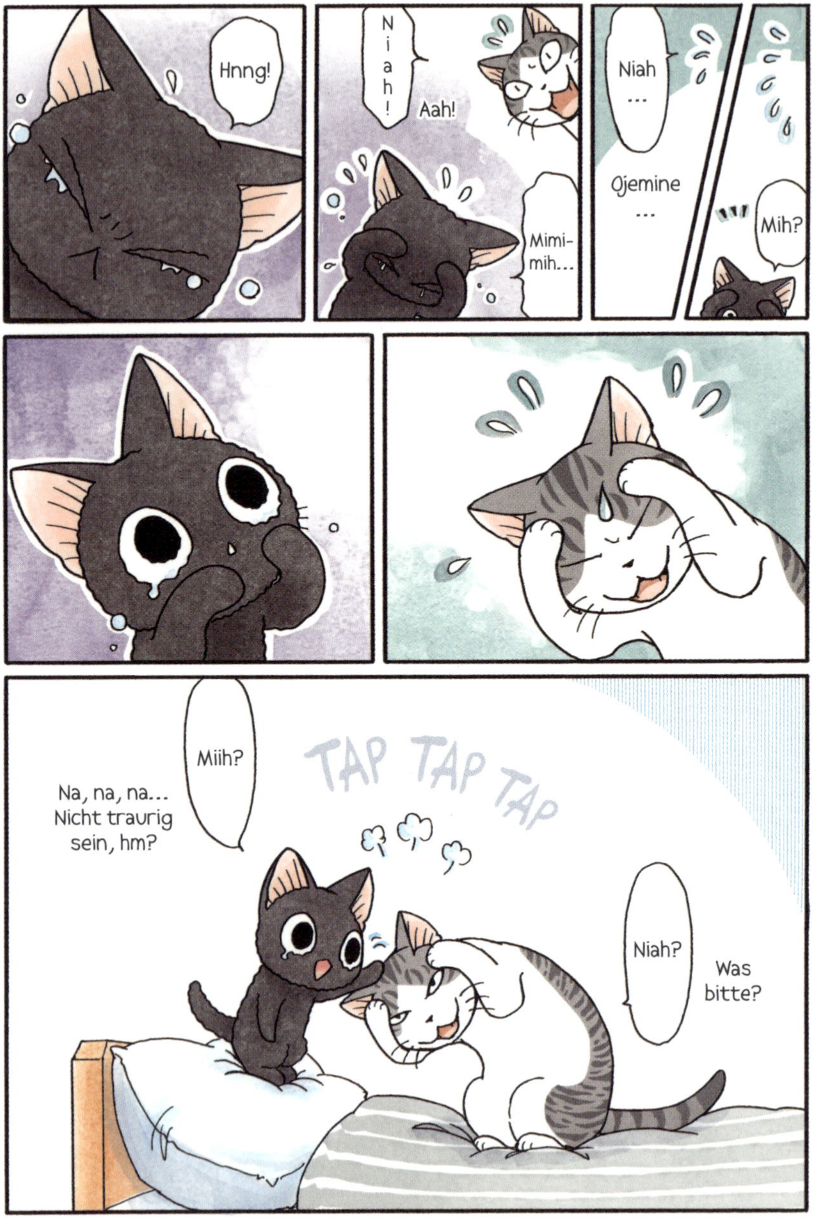
Hnng!
Niah!
Aah!
Mimi-mih...
Niah...
Ojemine...
Mih?
Miih?
Na, na, na... Nicht traurig sein, hm?
TAP TAP TAP
Niah?
Was bitte?

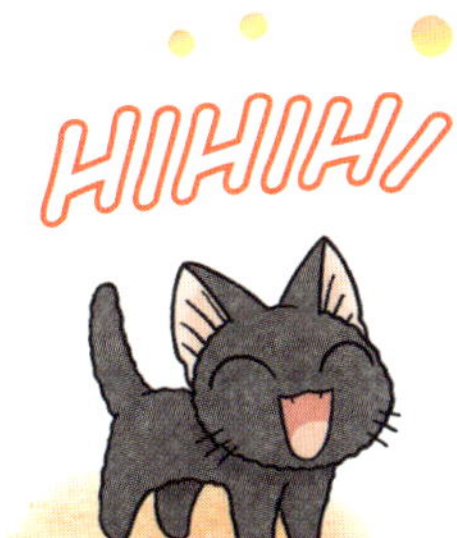
HIHIHI

Kleiner Tai & Omi Sue

MIAU 21 Grimassenschneiden!

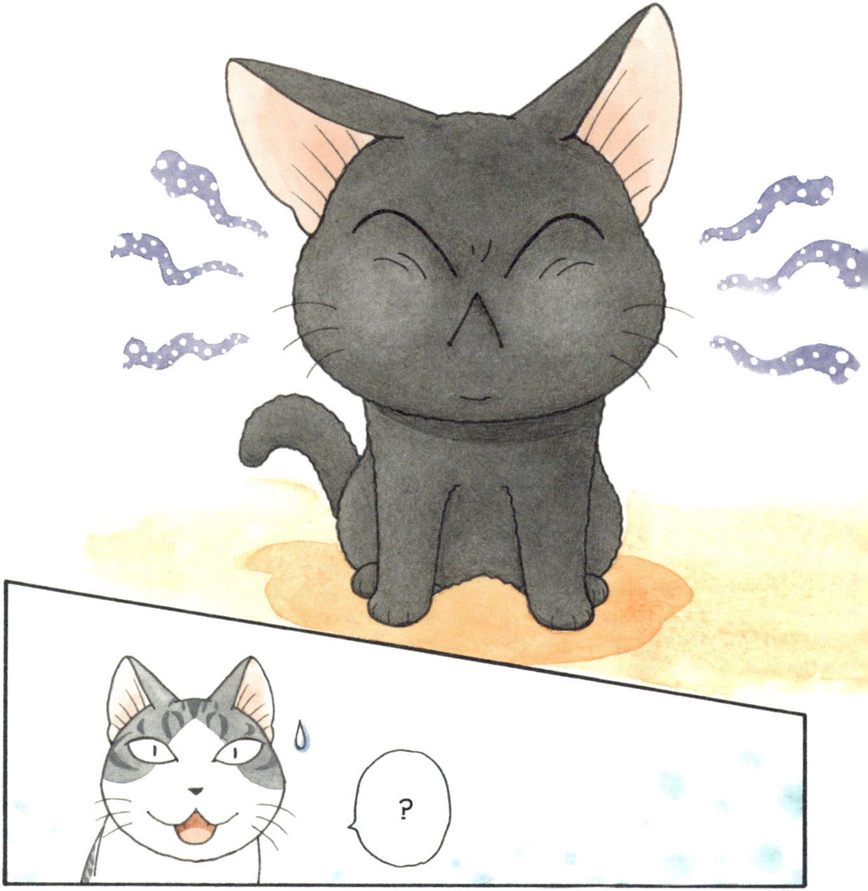

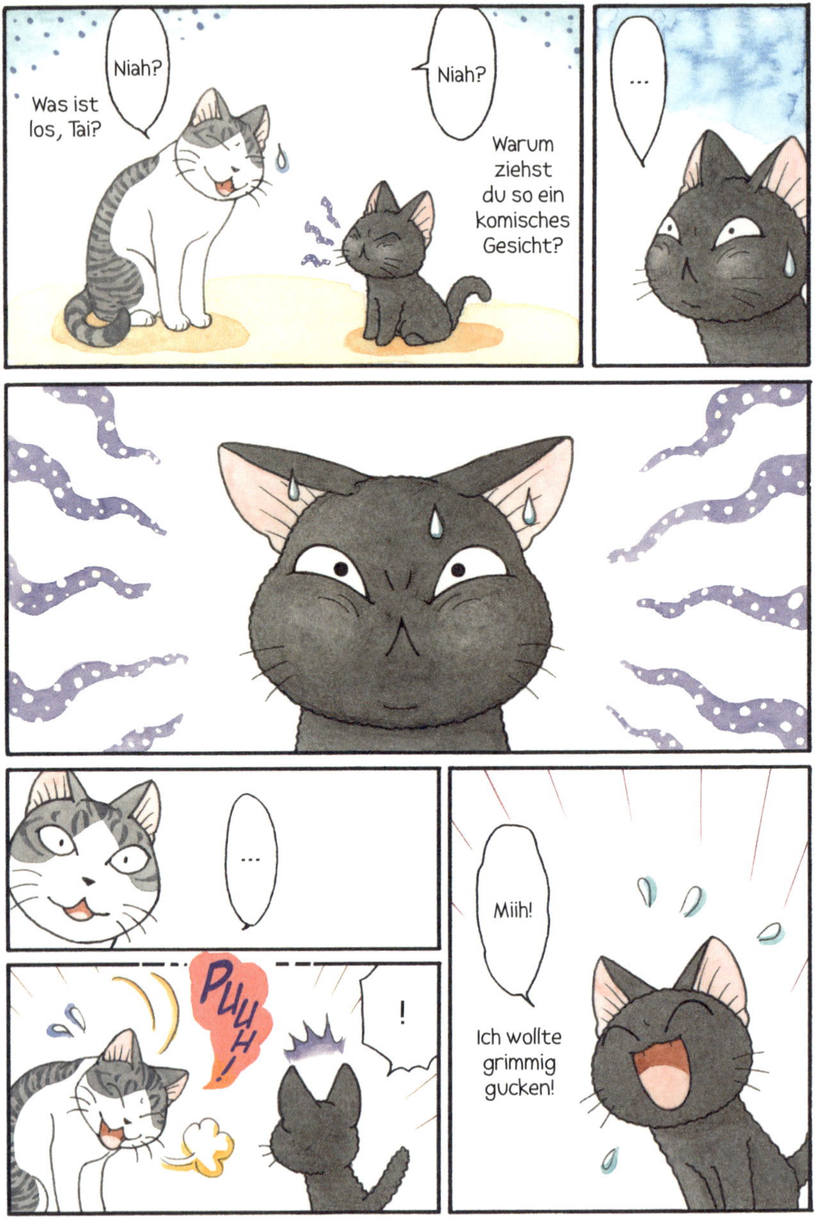
Niah?
Was ist los, Tai?
Niah?
Warum ziehst du so ein komisches Gesicht?
...
...
PUUH!
!
Miih!
Ich wollte grimmig gucken!

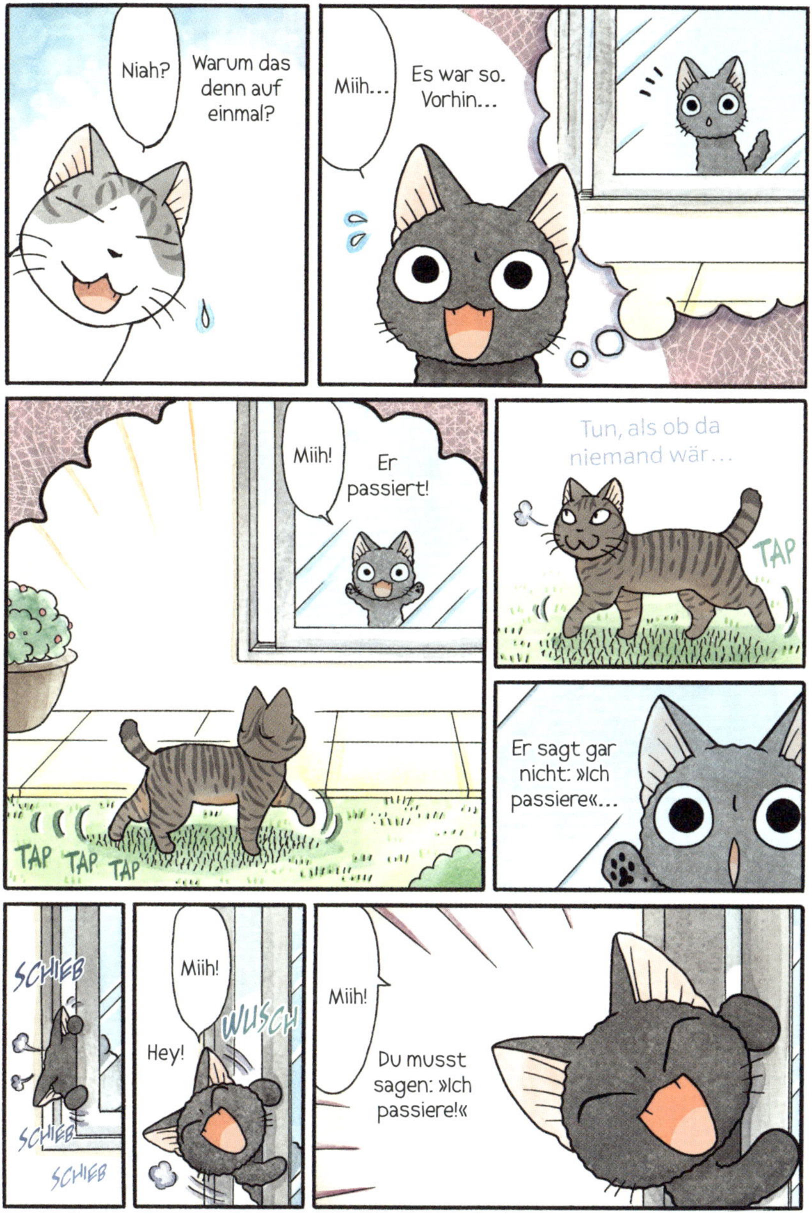
Niah?
Warum das denn auf einmal?
Miih...
Es war so. Vorhin...
Miih!
Er passiert!
Tun, als ob da niemand wär...
TAP
TAP TAP TAP
Er sagt gar nicht: »Ich passiere«...
SCHIEB
SCHIEB
SCHIEB
Miih!
Hey!
WUSCH
Miih!
Du musst sagen: »Ich passiere!«

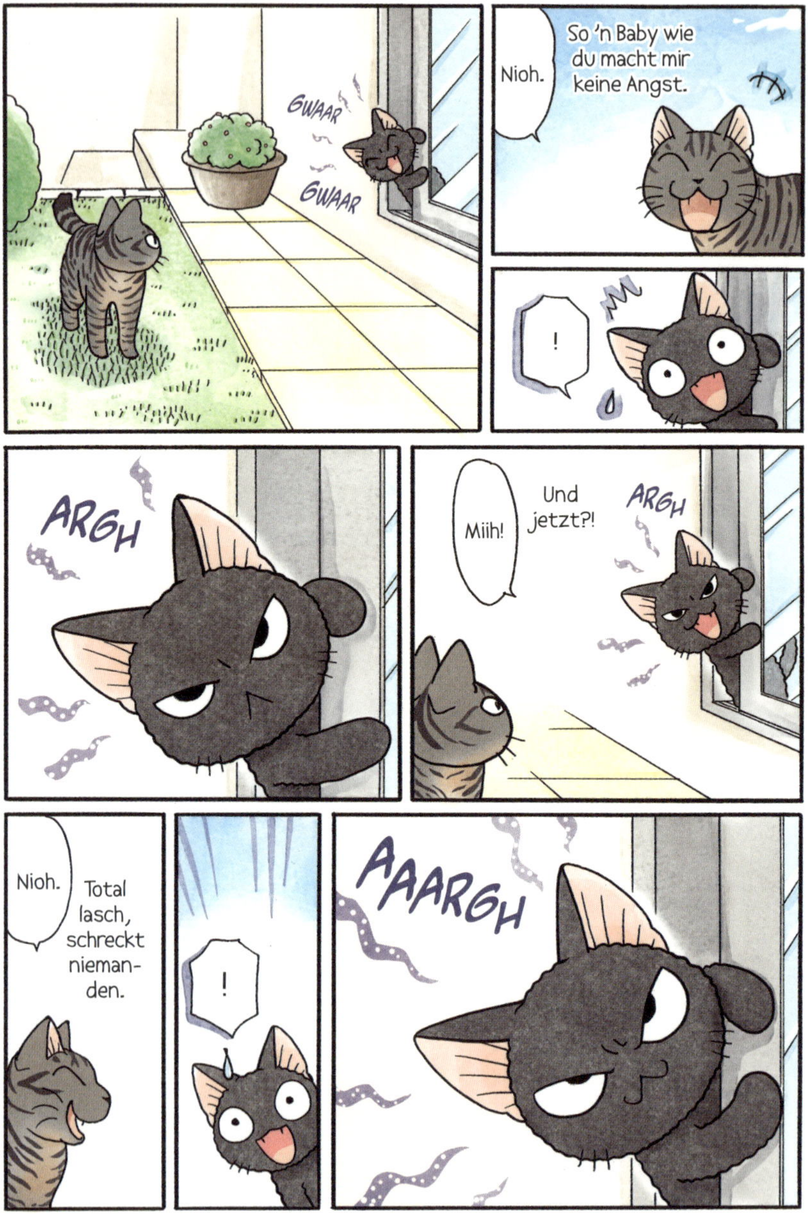
GWAAR
GWAAR
Nioh.
So 'n Baby wie du macht mir keine Angst.
!
ARGH
Miih!
Und jetzt?!
ARGH
Nioh.
Total lasch, schreckt nieman-den.
!
AAARGH

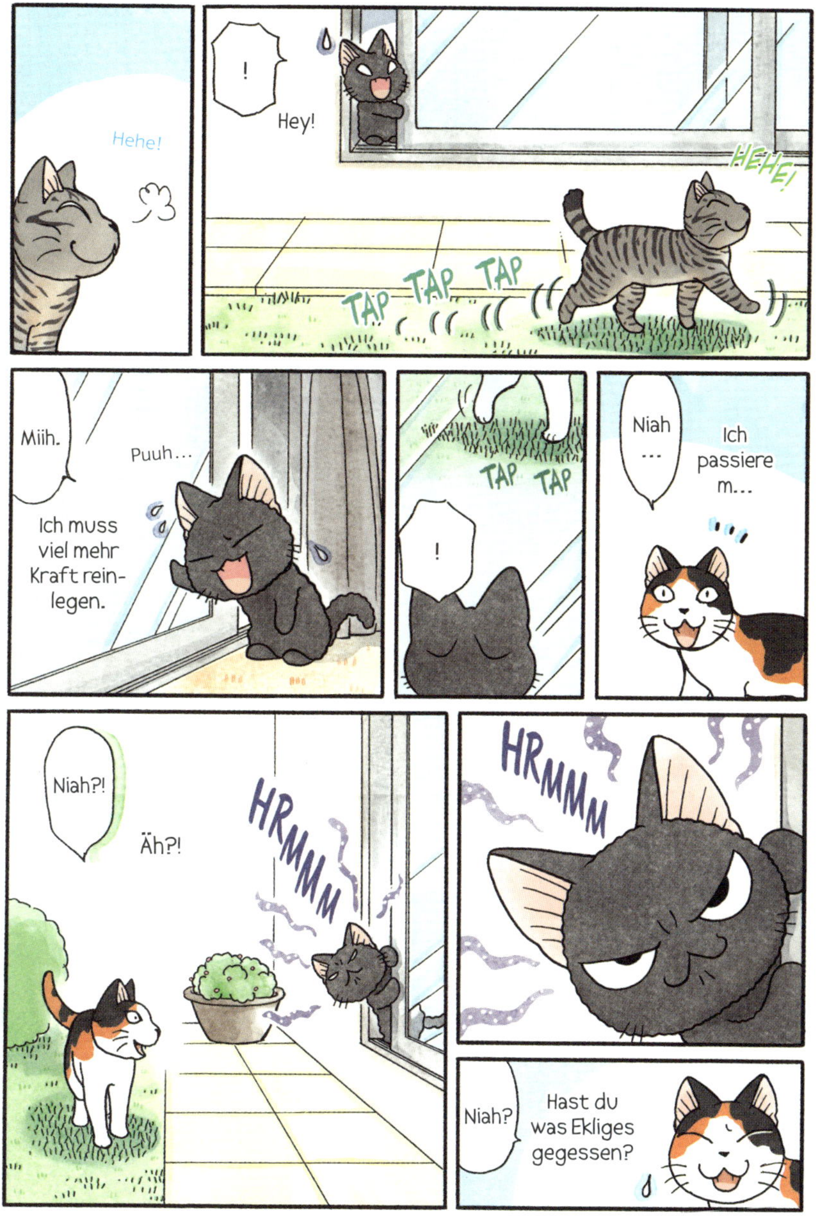

Hehe!
!
Hey!
HEHE!
TAP TAP TAP
Miih.
Puuh…
Ich muss viel mehr Kraft reinlegen.
TAP TAP
!
Niah …
Ich passiere m…
Niah?!
Äh?!
HRMMM
HRMMM
Niah?
Hast du was Ekliges gegessen?

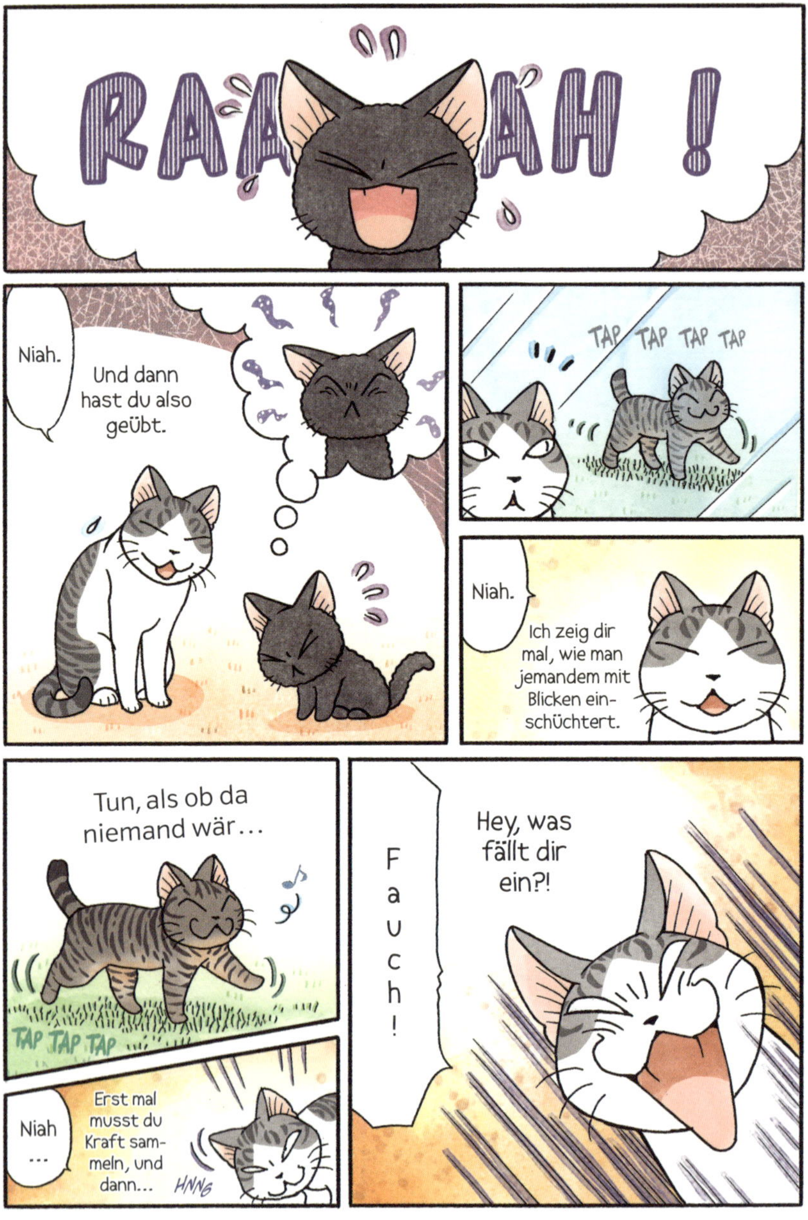
RAAAAH!
Niah.
Und dann hast du also geübt.
TAP TAP TAP TAP
Niah.
Ich zeig dir mal, wie man jemandem mit Blicken einschüchtert.
Tun, als ob da niemand wär…
TAP TAP TAP
Niah …
Erst mal musst du Kraft sammeln, und dann…
HNNG
Fauch!
Hey, was fällt dir ein?!

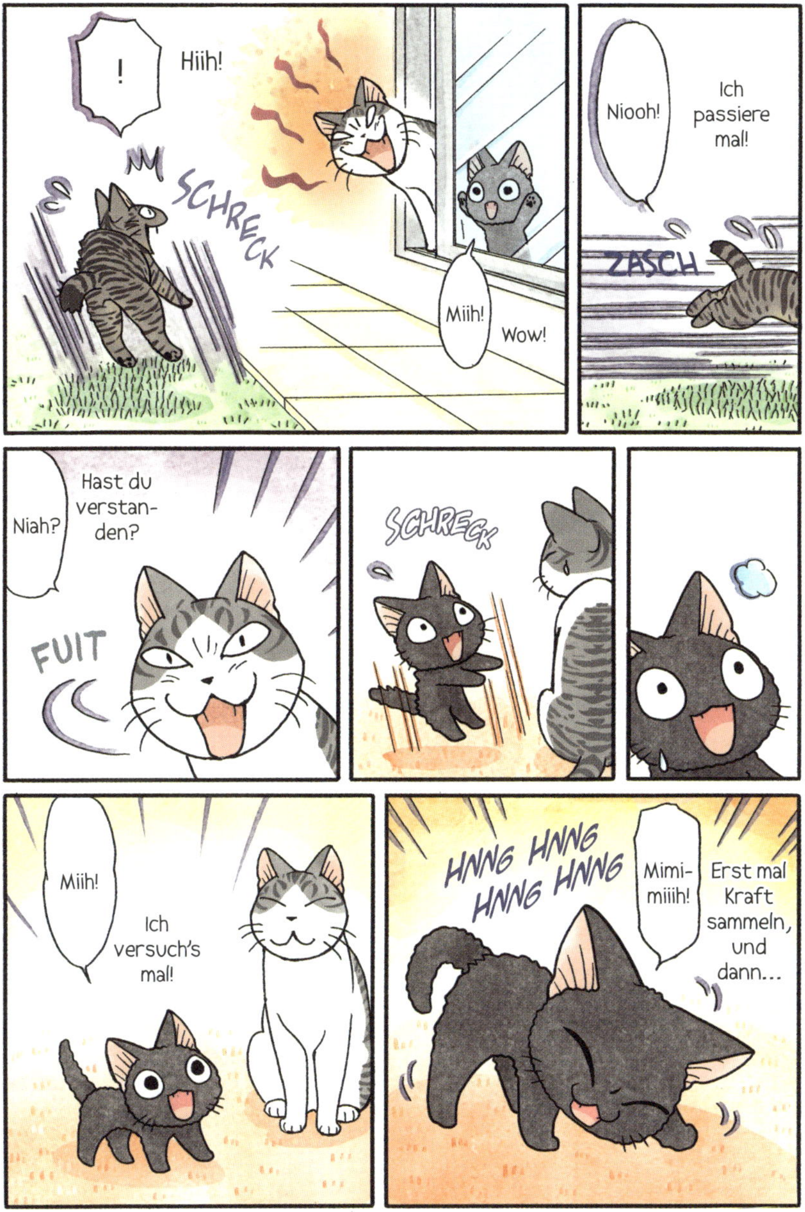

!
Hiih!
SCHRECK
Miih!
Wow!
Niooh!
Ich passiere mal!
ZASCH
Niah?
Hast du verstanden?
FUIT
SCHRECK
Miih!
Ich versuch's mal!
HNNG HNNG HNNG HNNG
Mimi-miiih!
Erst mal Kraft sammeln, und dann...

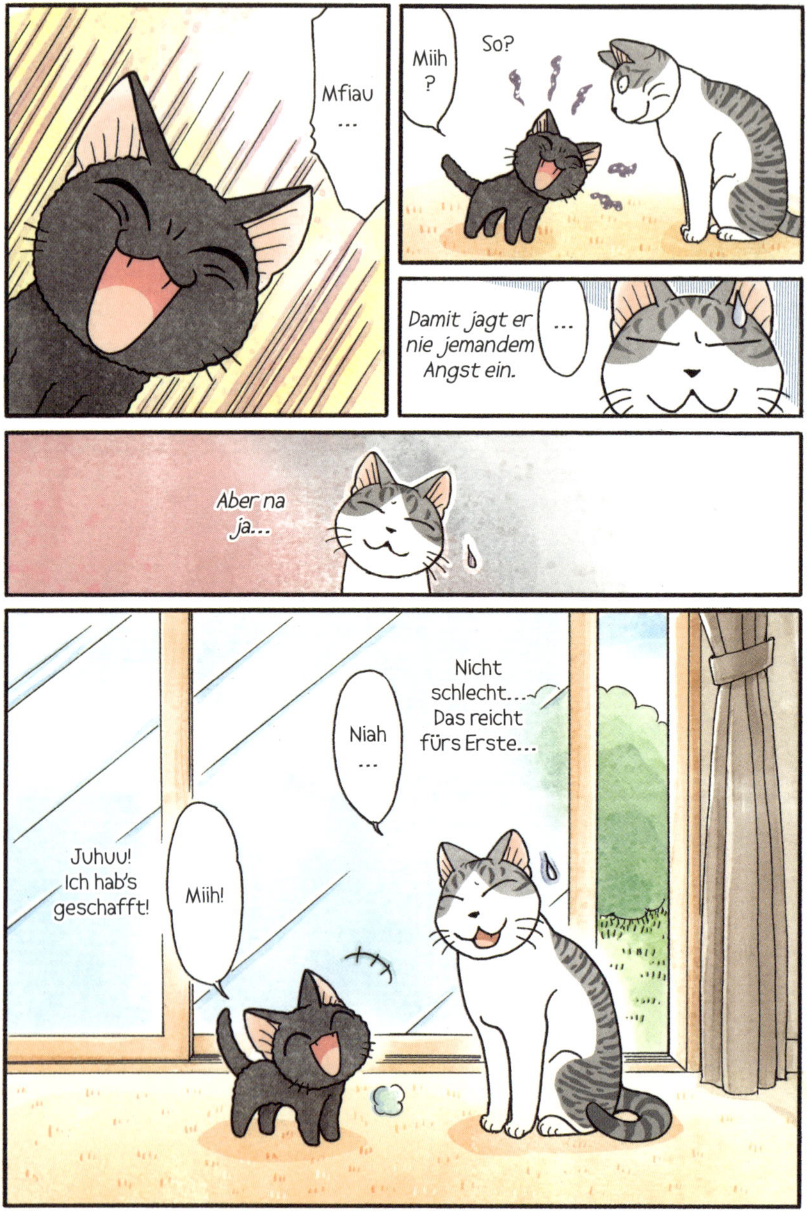
Mfiau
...
Miih
?
So?
Damit jagt er nie jemandem Angst ein.
...
Aber na ja...
Juhuu! Ich hab's geschafft!
Miih!
Niah
...
Nicht schlecht... Das reicht fürs Erste...

MIAU 22 **Ein kuschlig warmes Nickerchen**

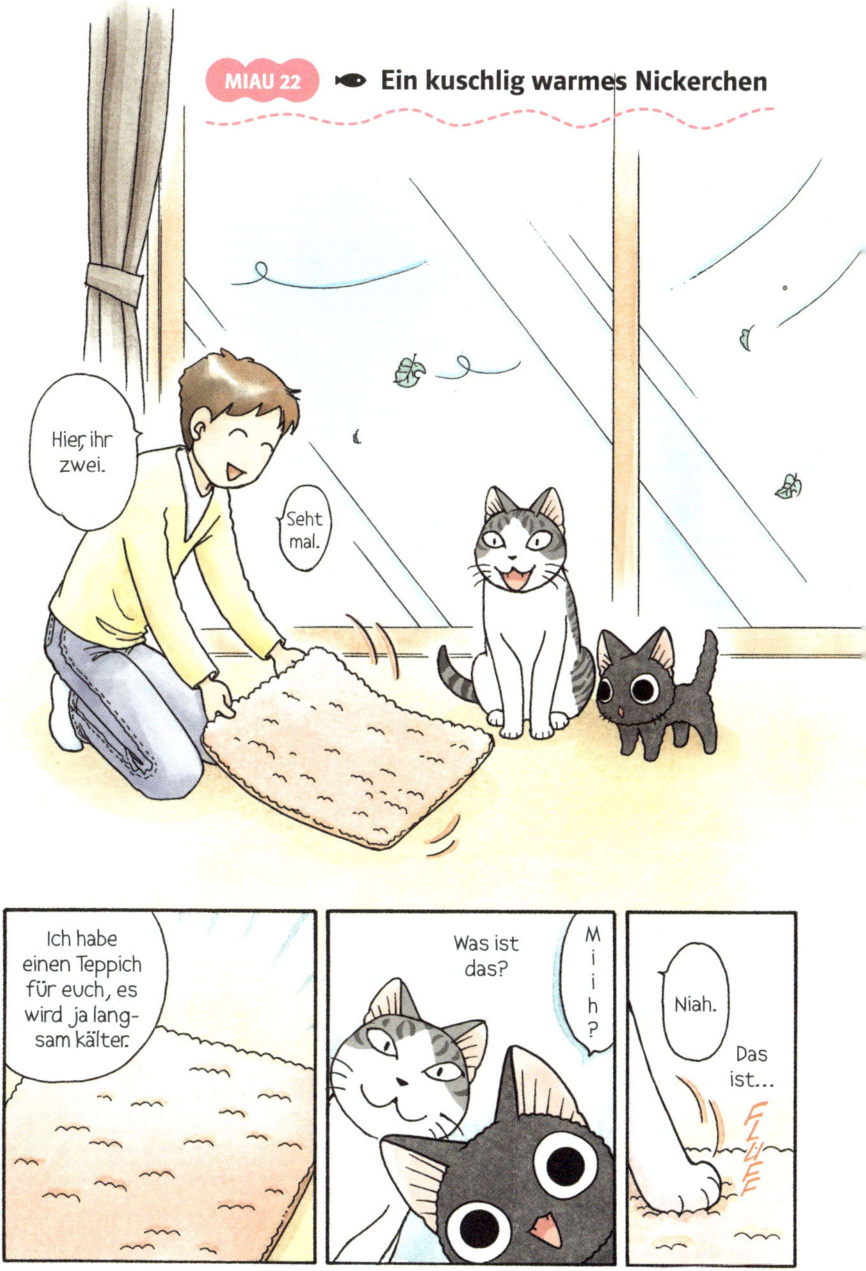

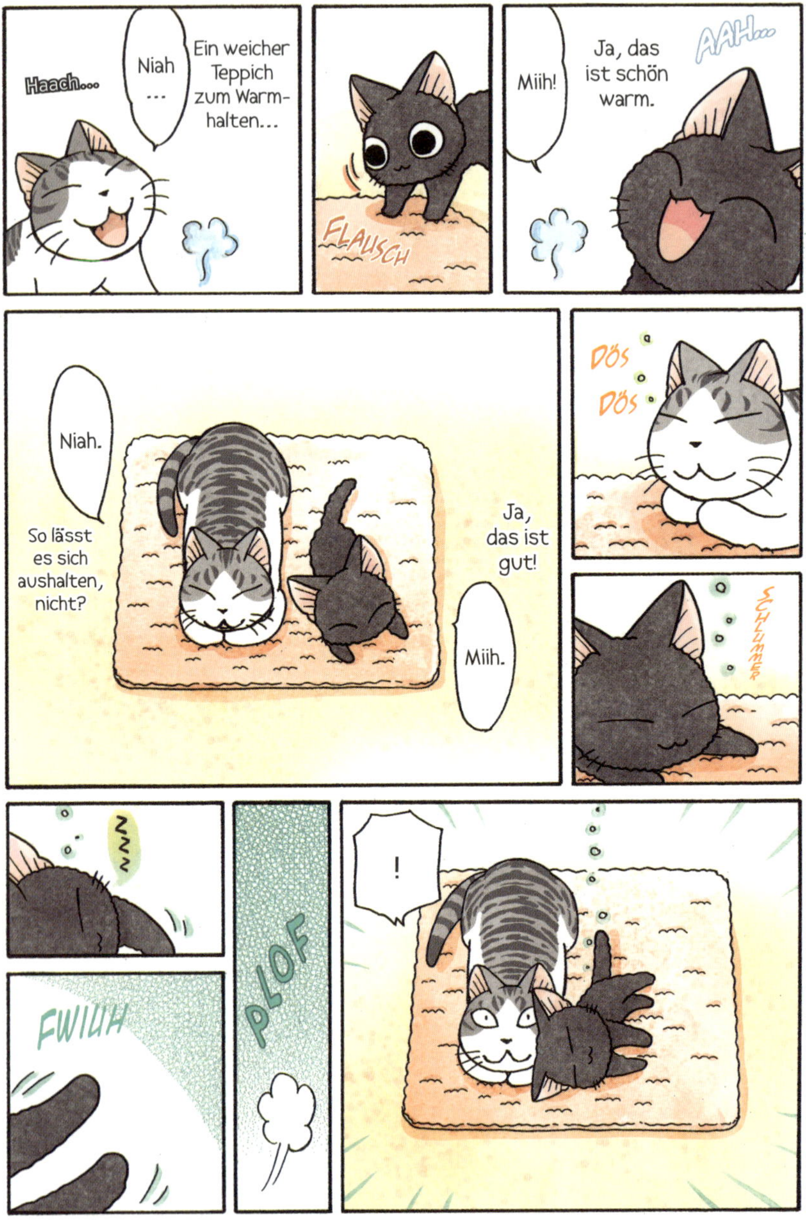
Haach...
Niah ...
Ein weicher Teppich zum Warmhalten...
FLAUSCH
Miih!
Ja, das ist schön warm.
AAH...
Niah.
So lässt es sich aushalten, nicht?
Ja, das ist gut!
Miih.
DÖS
DÖS
SCHLUMMER
ZZZ
FWUUH
PLOF
!

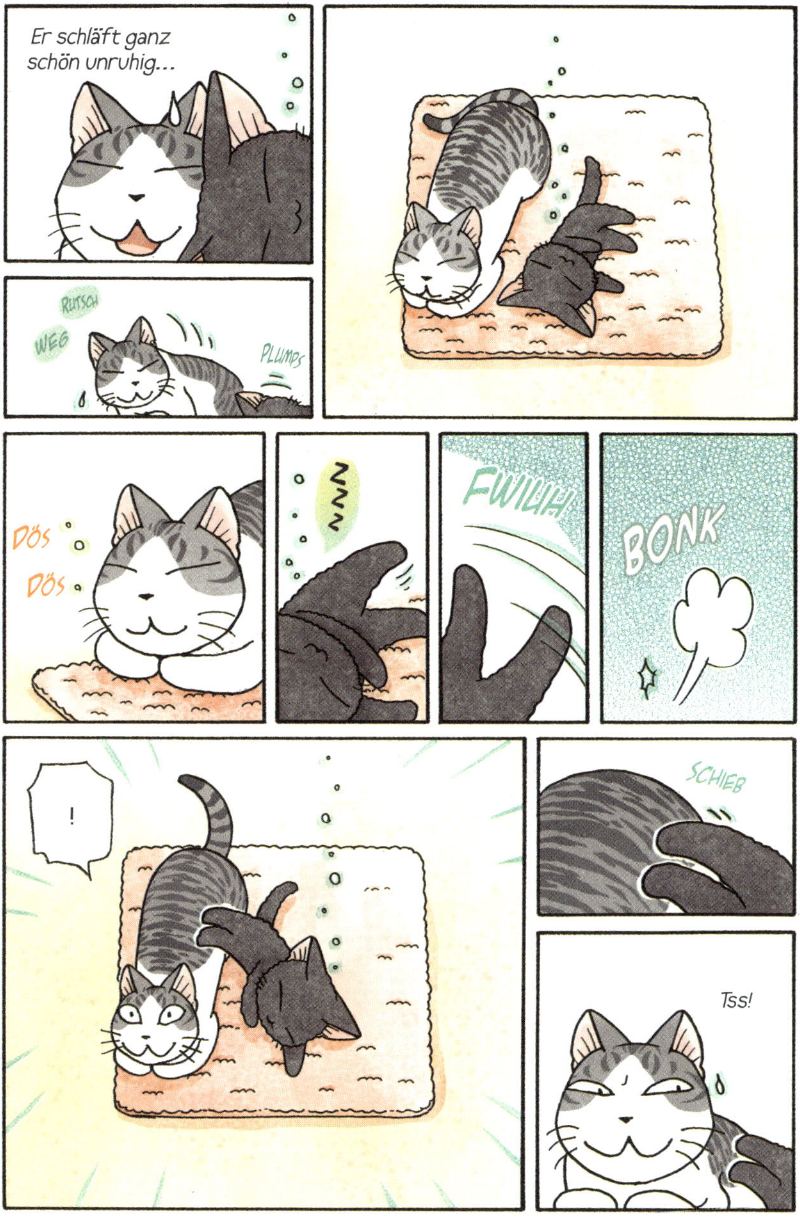
Er schläft ganz schön unruhig...
RUTSCH
WEG
PLUMPS
DÖS
DÖS
ZZZ
FWIUH
BONK
!
SCHIEB
Tss!

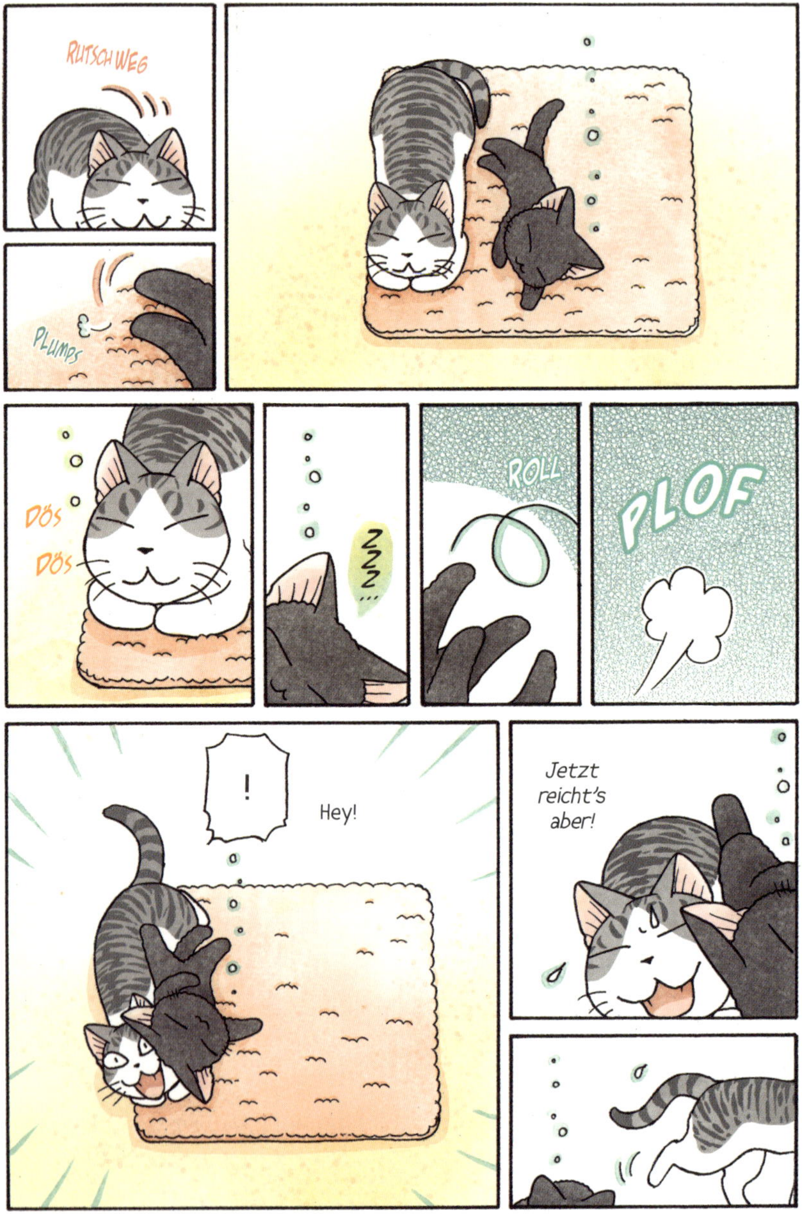
RUTSCH WEG
PLUMPS
DÖS
DÖS
ZZZ...
ROLL
PLOF
!
Hey!
Jetzt reicht's aber!

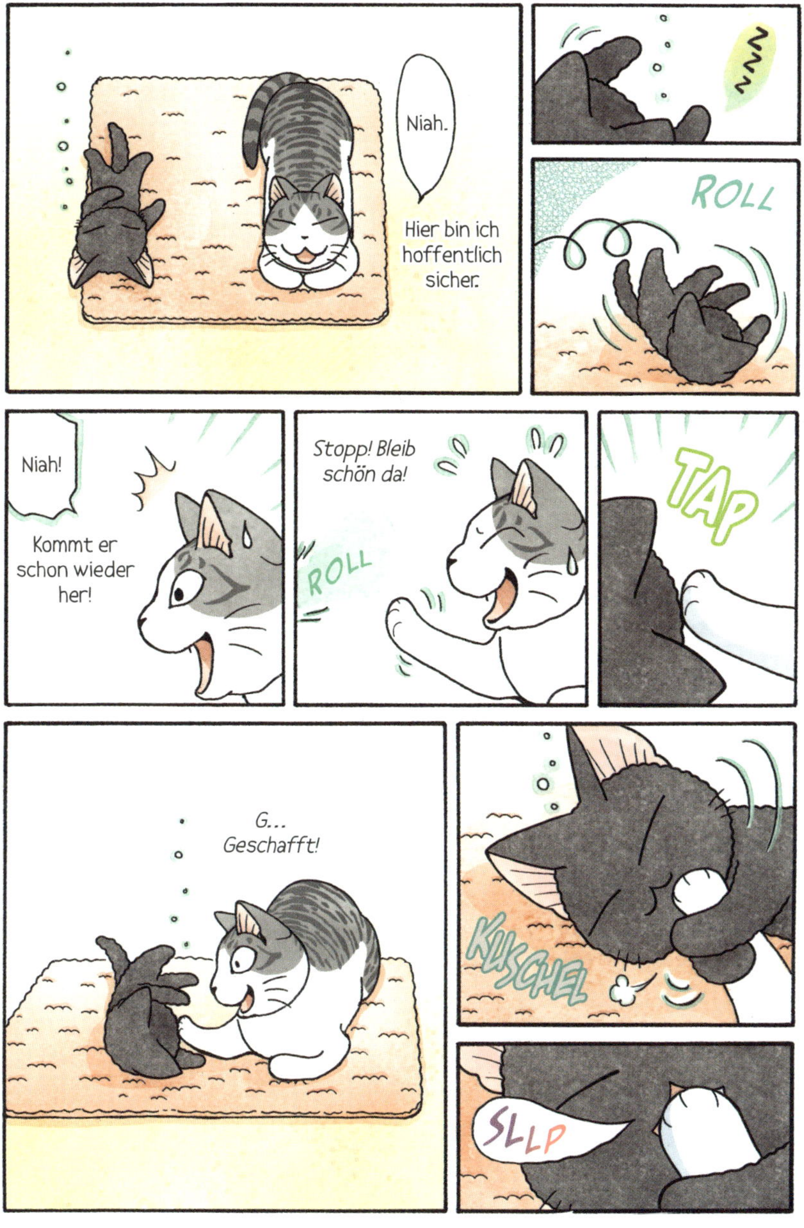

Niah.
Hier bin ich hoffentlich sicher.
ZZZ
ROLL
Niah!
Kommt er schon wieder her!
Stopp! Bleib schön da!
ROLL
TAP
G...
Geschafft!
KUSCHEL
SLLP

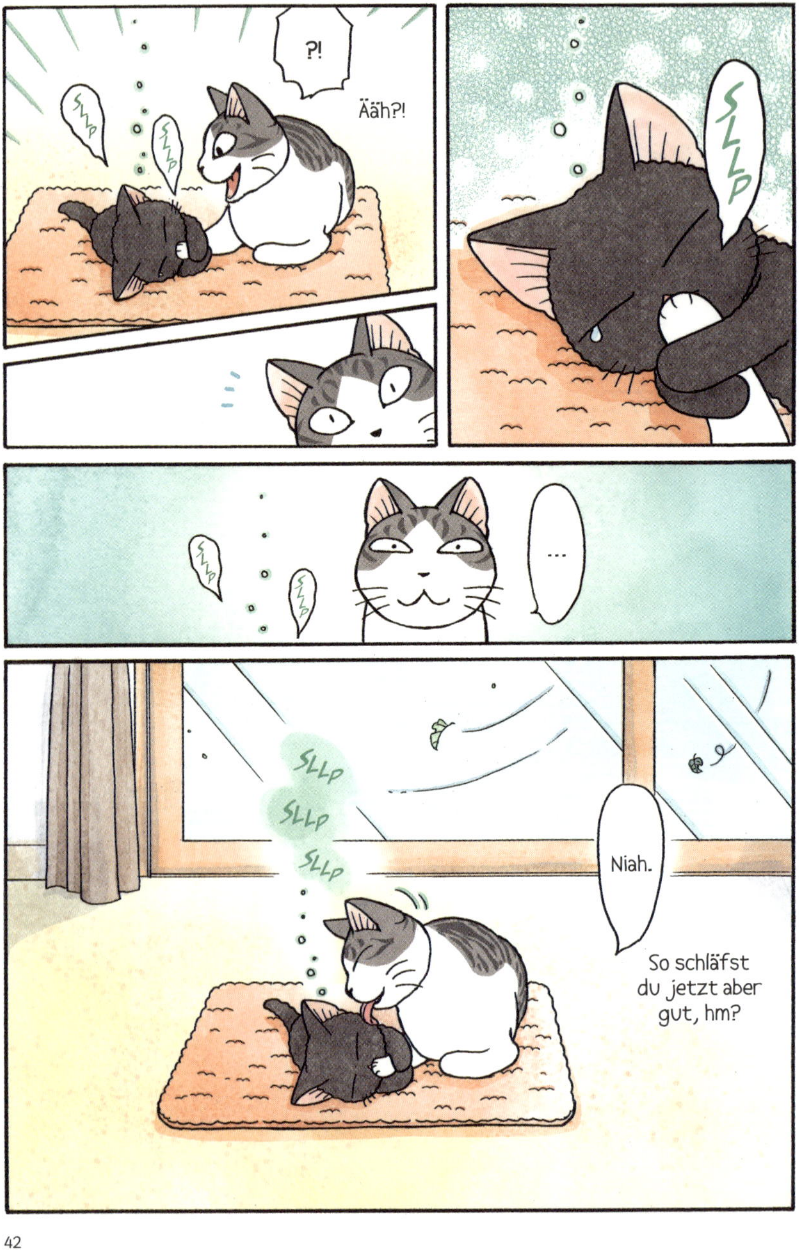
?!
Ääh?!
SLLP
SLLP
SLLP
SLLP
SLLP
...
SLLP
SLLP
SLLP
Niah.
So schläfst du jetzt aber gut, hm?

MIAU 23 Wie ein Großer

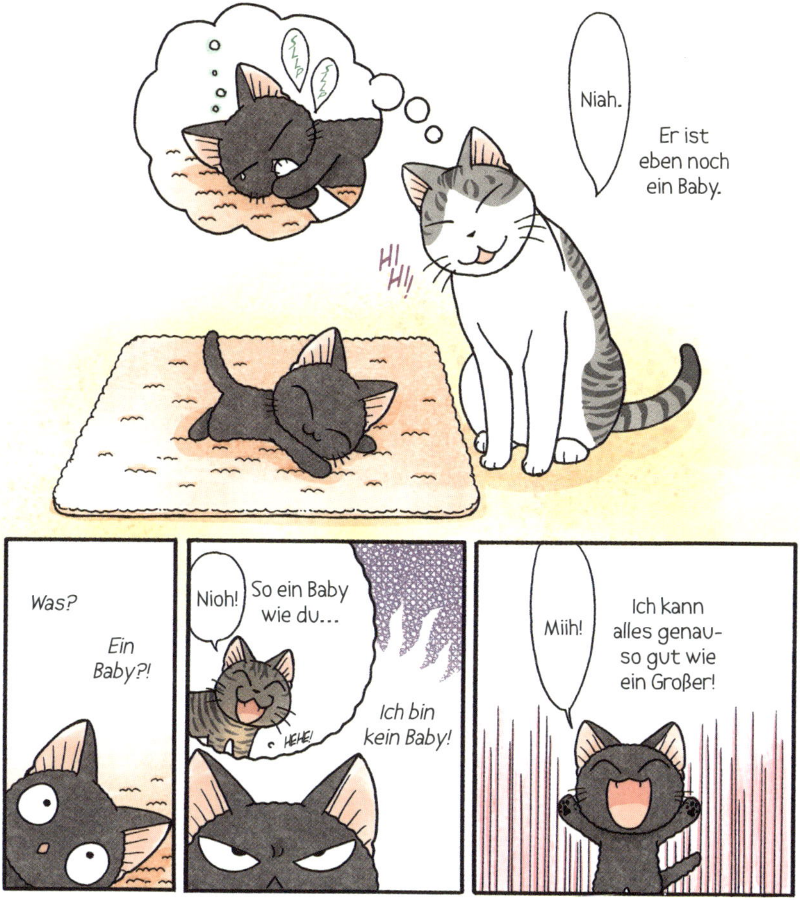

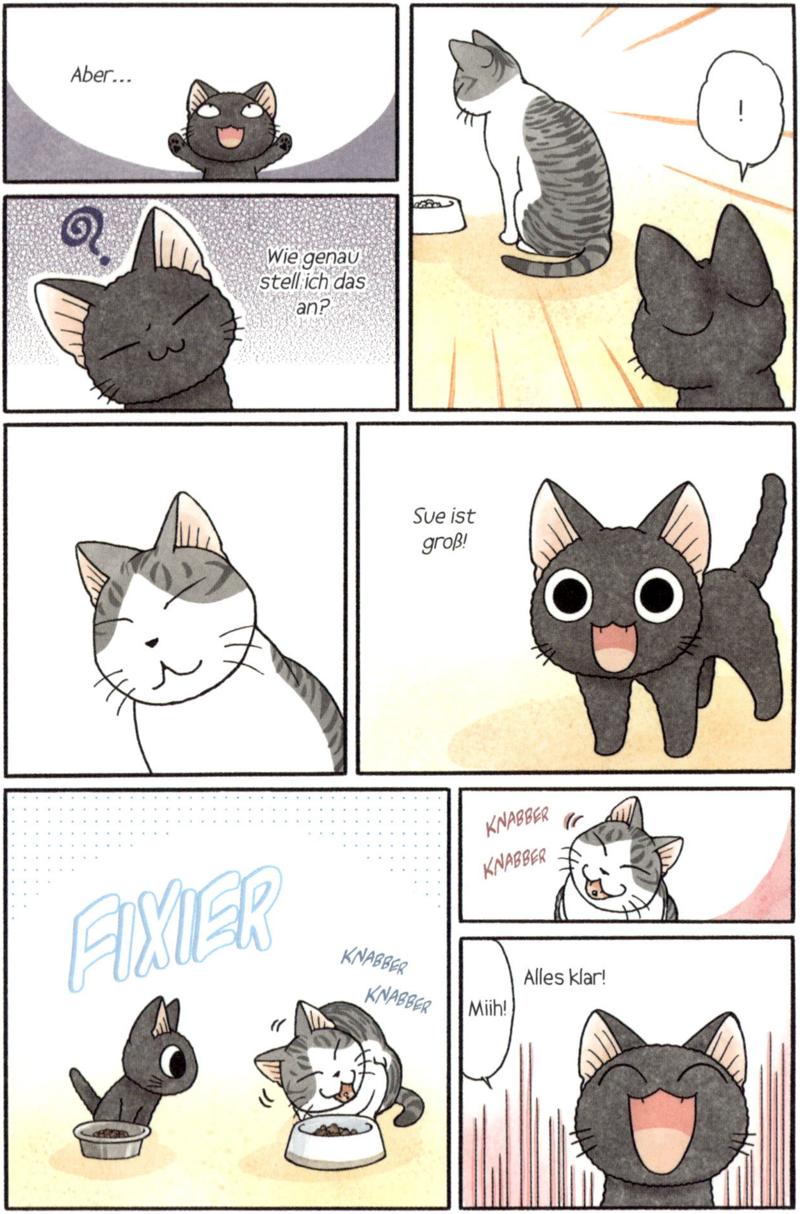
Aber...
Wie genau stell ich das an?
!
Sue ist groß!
FIXIER
KNABBER
KNABBER
KNABBER
KNABBER
Alles klar!
Miih!

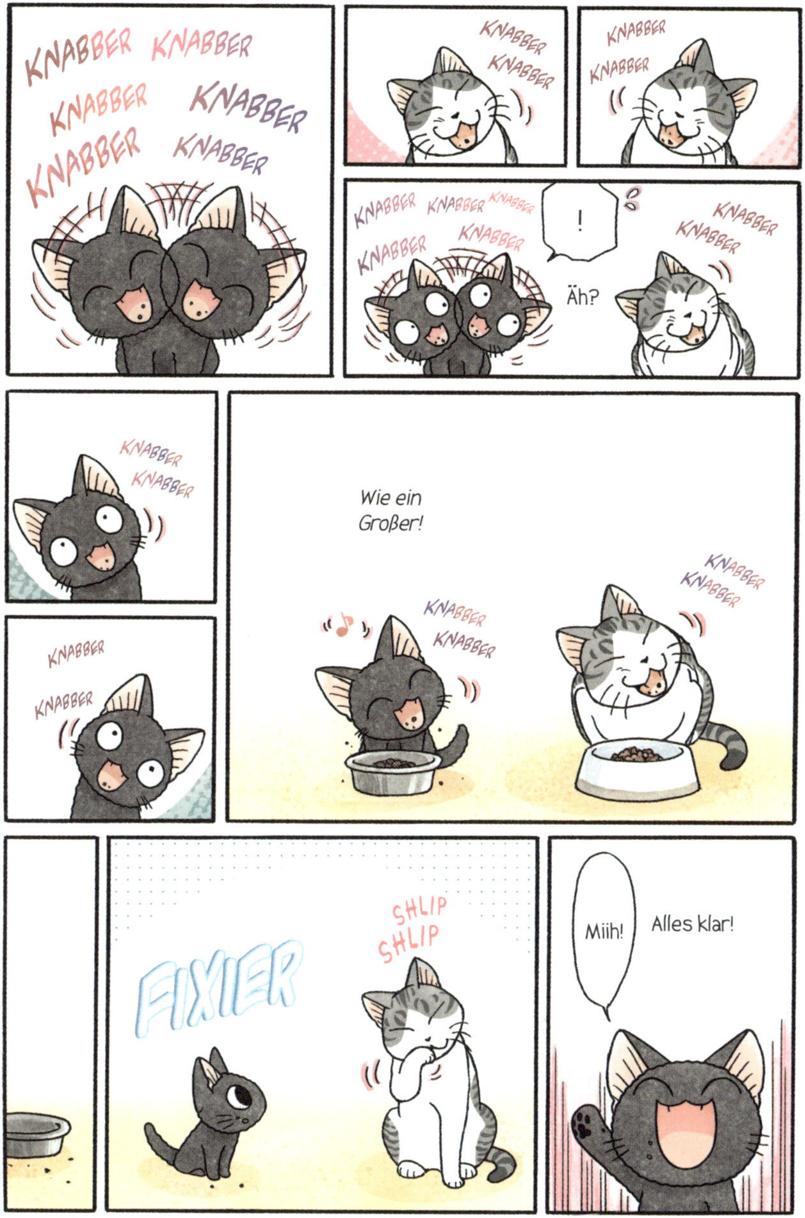
KNABBER KNABBER KNABBER KNABBER KNABBER KNABBER
KNABBER KNABBER
KNABBER KNABBER
KNABBER KNABBER KNABBER KNABBER KNABBER
!
KNABBER KNABBER
Äh?
KNABBER KNABBER
KNABBER KNABBER
Wie ein Großer!
KNABBER KNABBER
KNABBER KNABBER
FIXIER
SHLIP SHLIP
Miih!
Alles klar!

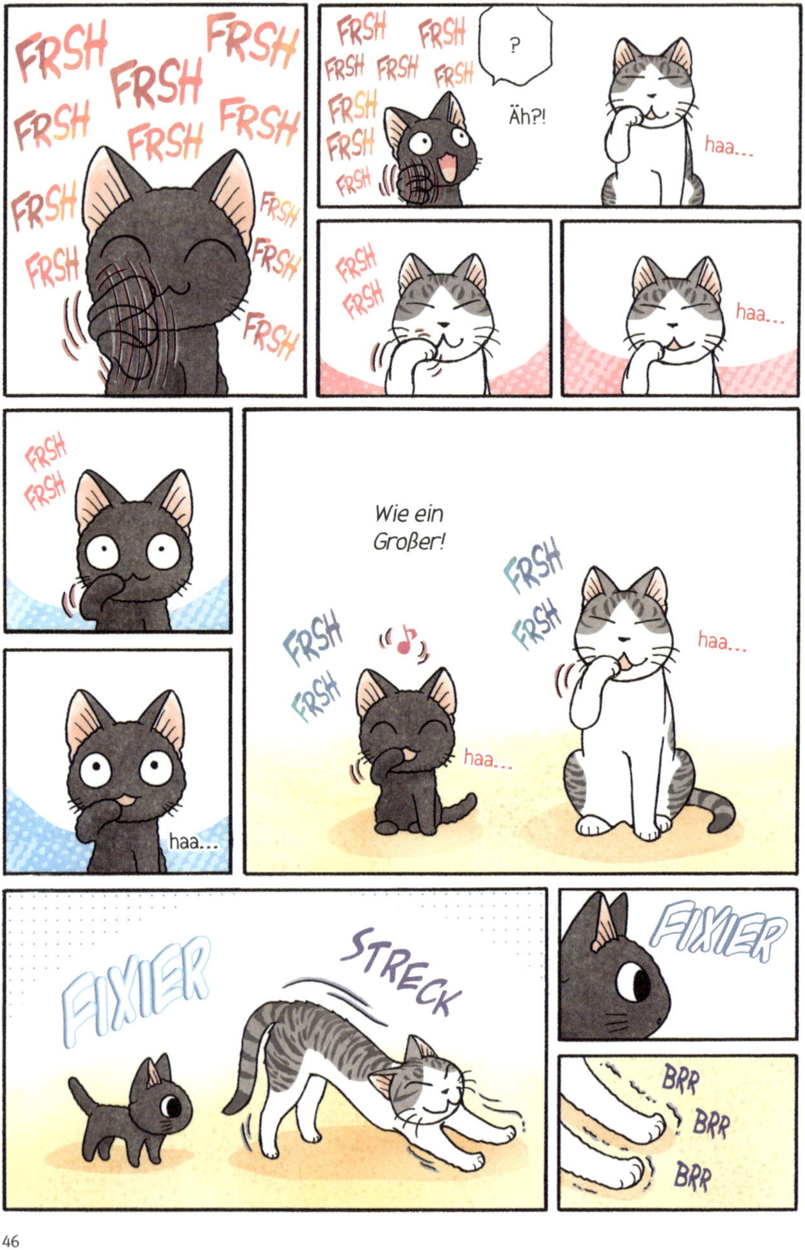
FRSH FRSH FRSH FRSH FRSH FRSH FRSH FRSH FRSH FRSH
FRSH FRSH FRSH FRSH FRSH FRSH FRSH FRSH
?
Äh?!
haa...
FRSH FRSH
haa...
FRSH FRSH
haa...
Wie ein Großer!
FRSH FRSH
haa...
FRSH FRSH
haa...
FIXIER
STRECK
FIXIER
BRR BRR BRR

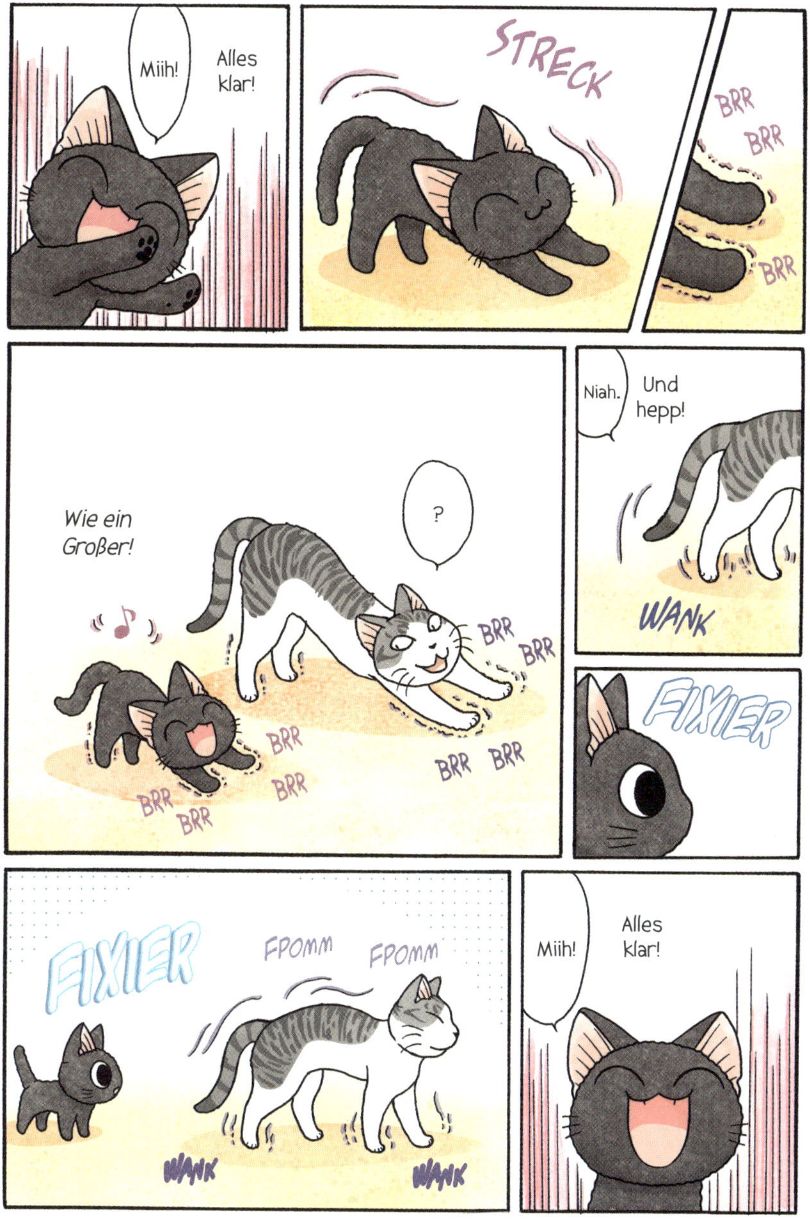

Miih!
Alles klar!
STRECK
BRR
BRR
BRR
Wie ein Großer!
?
BRR
BRR
BRR
BRR
BRR
BRR
BRR
BRR
Niah.
Und hepp!
WANK
FIXIER
FIXIER
FPOMM
FPOMM
WANK
WANK
Miih!
Alles klar!

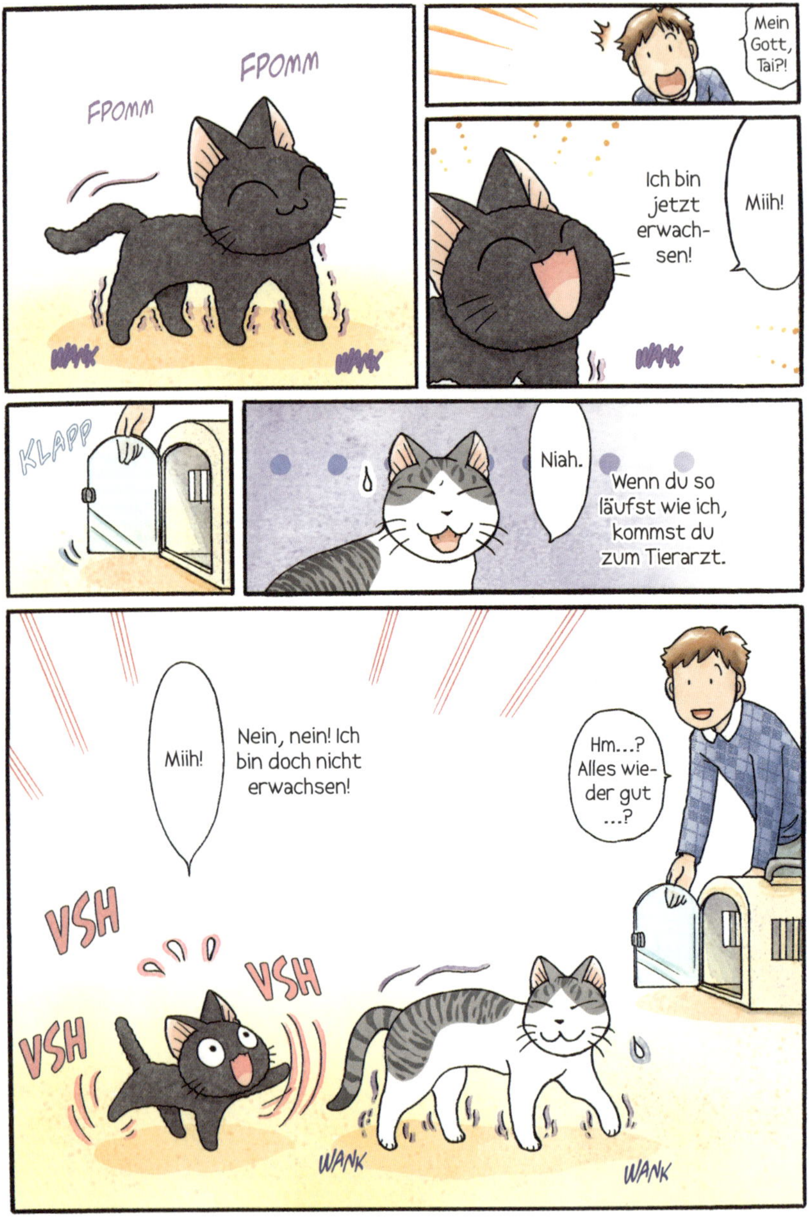
FPOMM
FPOMM
WANK
WANK
Mein Gott, Tai?!
Miih!
Ich bin jetzt erwachsen!
WANK
KLAPP
Niah.
Wenn du so läufst wie ich, kommst du zum Tierarzt.
Hm...? Alles wieder gut ...?
Miih!
Nein, nein! Ich bin doch nicht erwachsen!
VSH
VSH
VSH
WANK
WANK

MIAU 24 Das muss ich haben!

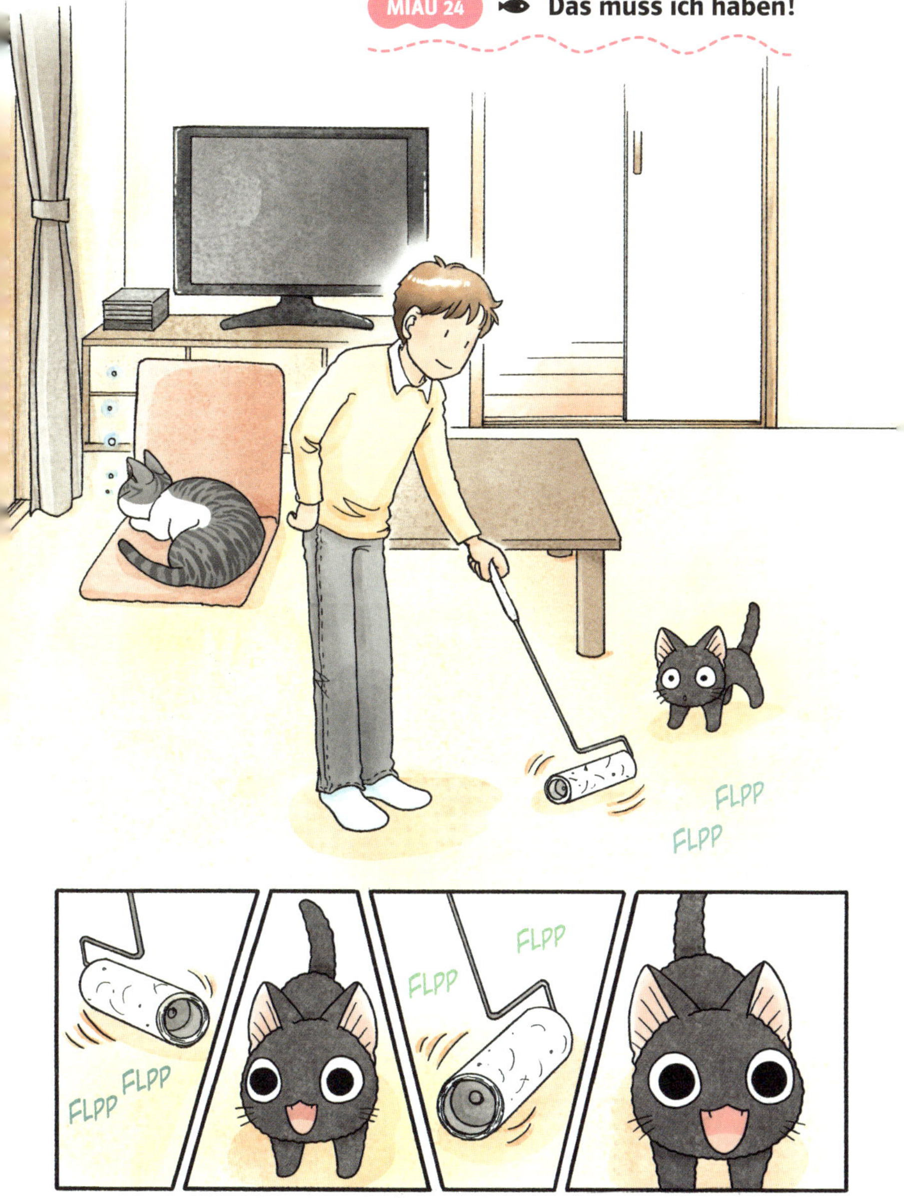

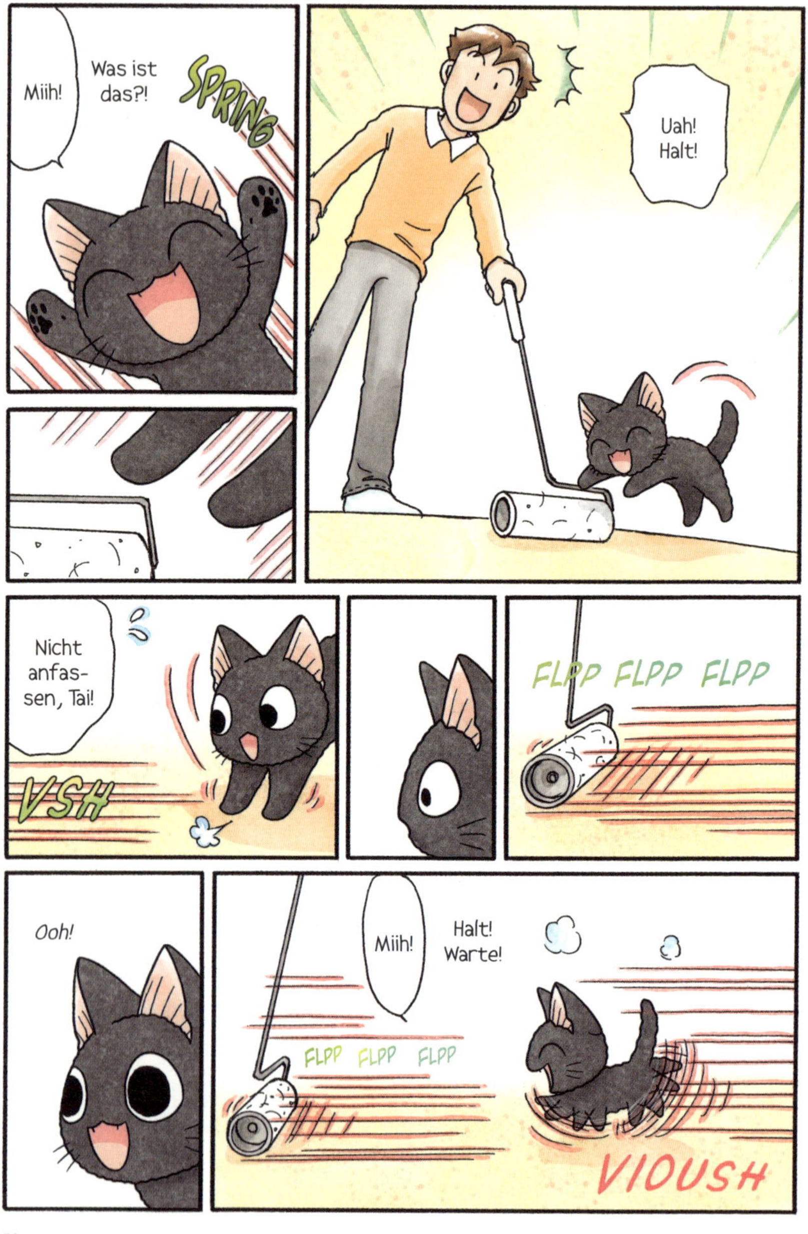

Was ist das?!
Miih!
SPRING
Uah! Halt!
Nicht anfas-sen, Tai!
VSH
FLPP FLPP FLPP
Ooh!
Halt! Warte!
Miih!
FLPP FLPP FLPP
VIOUSH

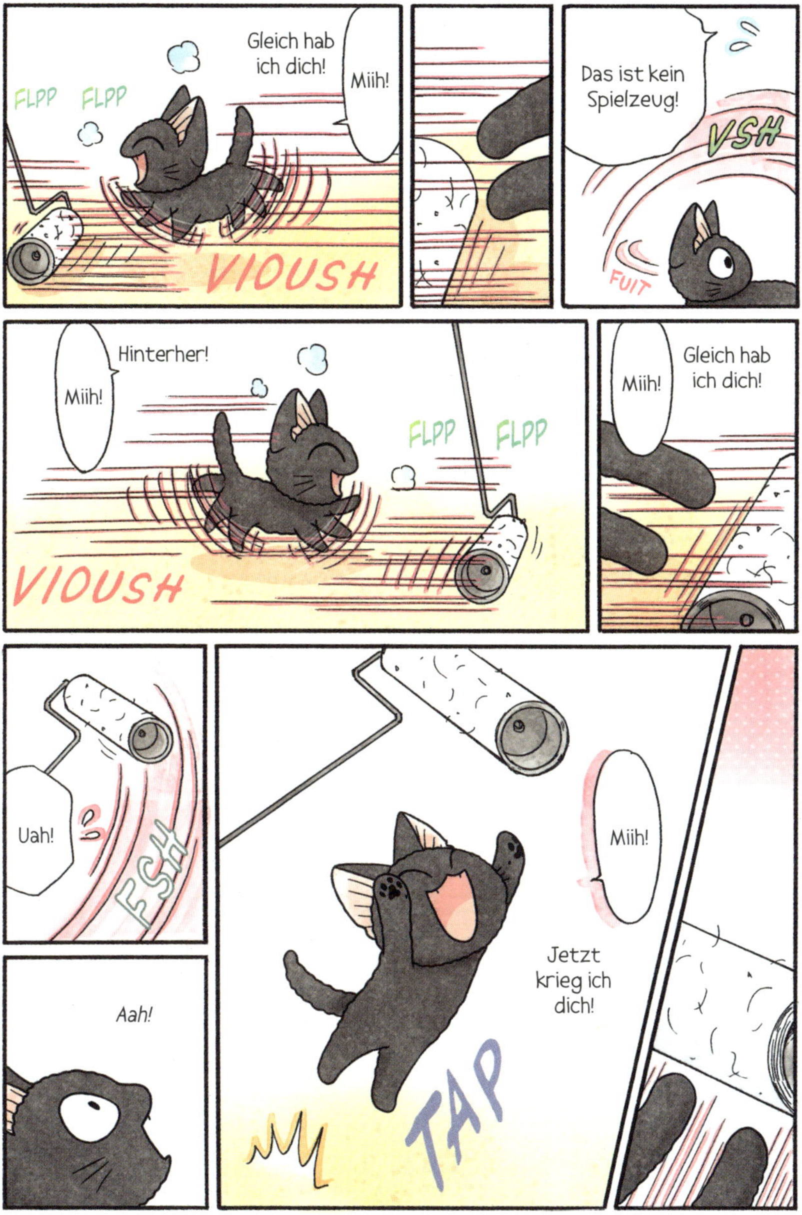
Gleich hab ich dich!
Miih!
FLPP FLPP
VIOUSH
Das ist kein Spielzeug!
VSH
FUIT
Hinterher!
Miih!
FLPP FLPP
VIOUSH
Gleich hab ich dich!
Miih!
Uah!
FSH
Aah!
Miih!
Jetzt krieg ich dich!
TAP

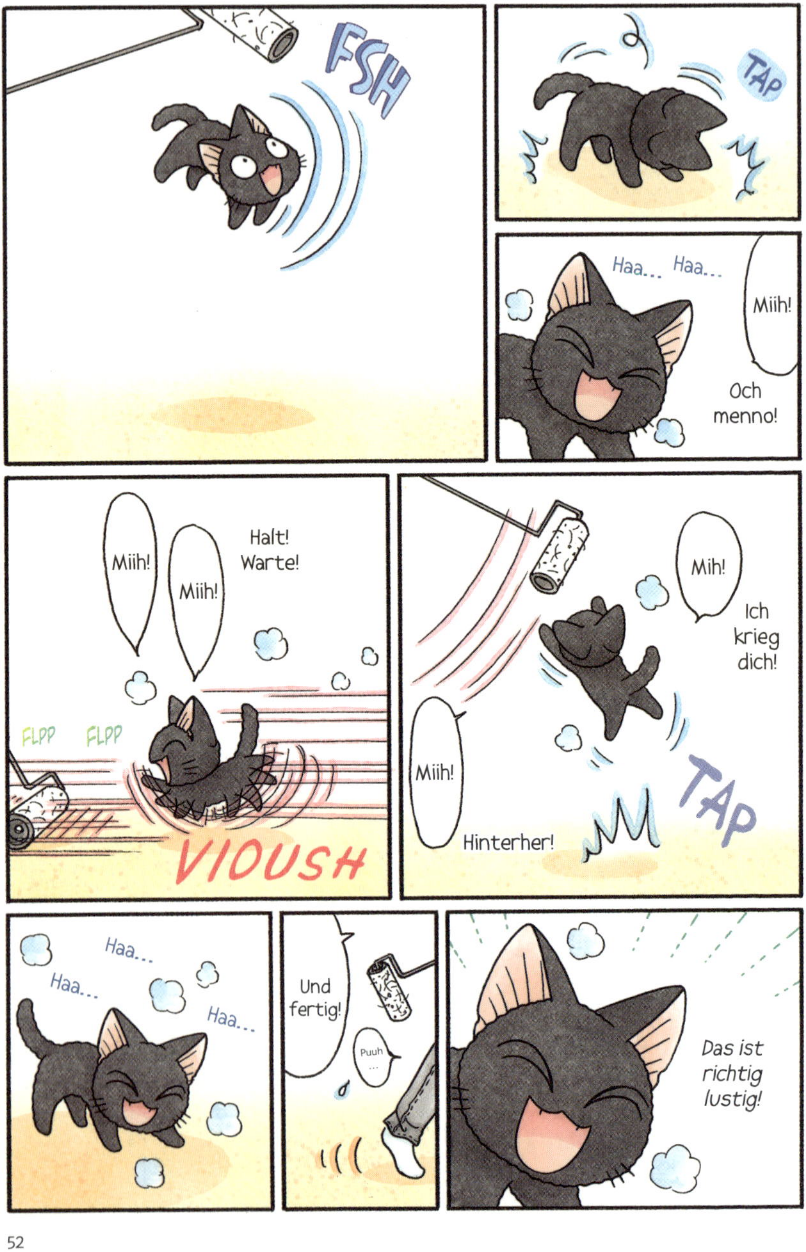
FSH
TAP
Haa... Haa...
Miih!
Och menno!
Miih!
Miih!
Halt! Warte!
FLPP FLPP
VIOUSH
Mih!
Ich krieg dich!
Miih!
Hinterher!
TAP
Haa...
Haa...
Haa...
Und fertig!
Puuh ...
Das ist richtig lustig!

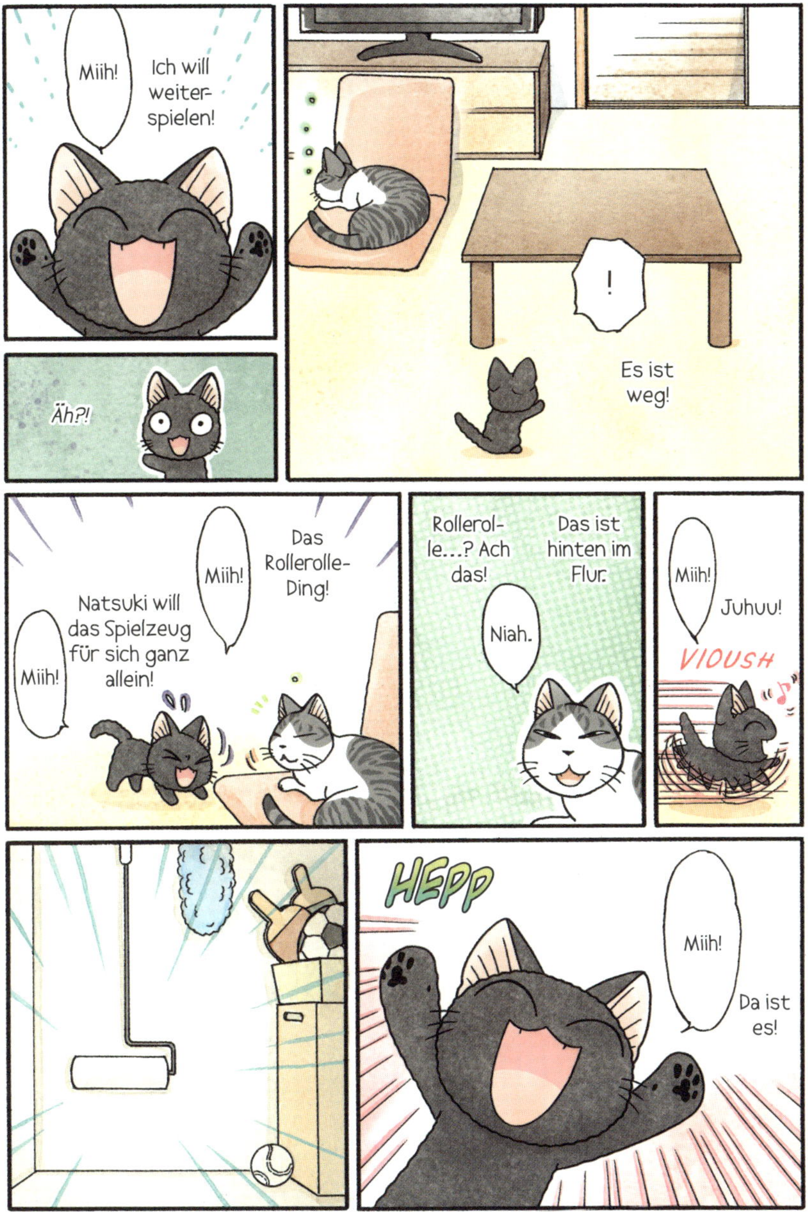

Miih!
Ich will weiter-spielen!
Äh?!
!
Es ist weg!
Das Rollerolle-Ding!
Miih!
Natsuki will das Spielzeug für sich ganz allein!
Miih!
Rollerol-le...? Ach das!
Das ist hinten im Flur.
Niah.
Miih!
Juhuu!
VIOUSH
HEPP
Miih!
Da ist es!

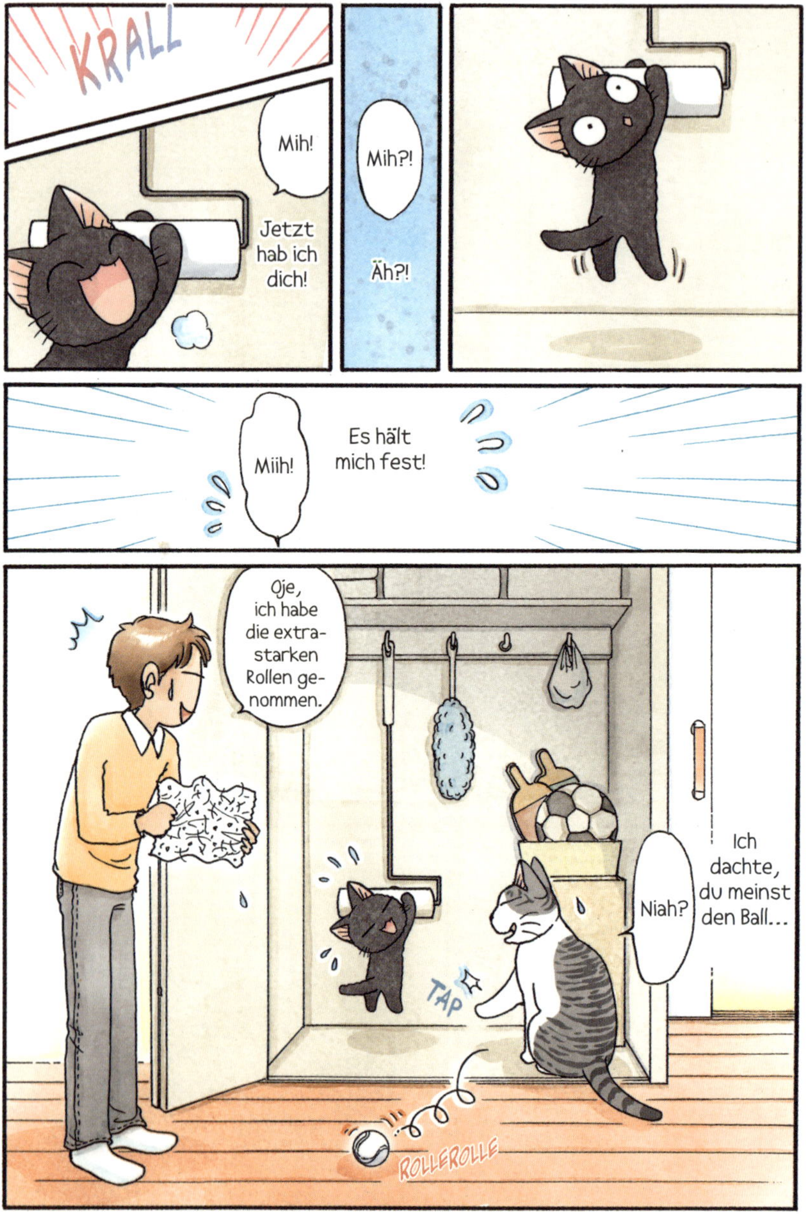
KRALL
Mih!
Jetzt hab ich dich!
Mih?!
Äh?!
Miih!
Es hält mich fest!
Oje, ich habe die extra-starken Rollen genommen.
Niah?
Ich dachte, du meinst den Ball…
TAP
ROLLEROLLE

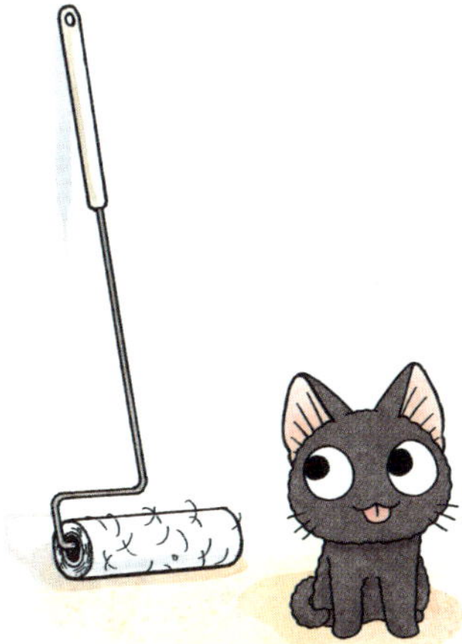

Kleiner
Tai &
Omi Sue

MIAU 25 Ein Geheimplätzchen

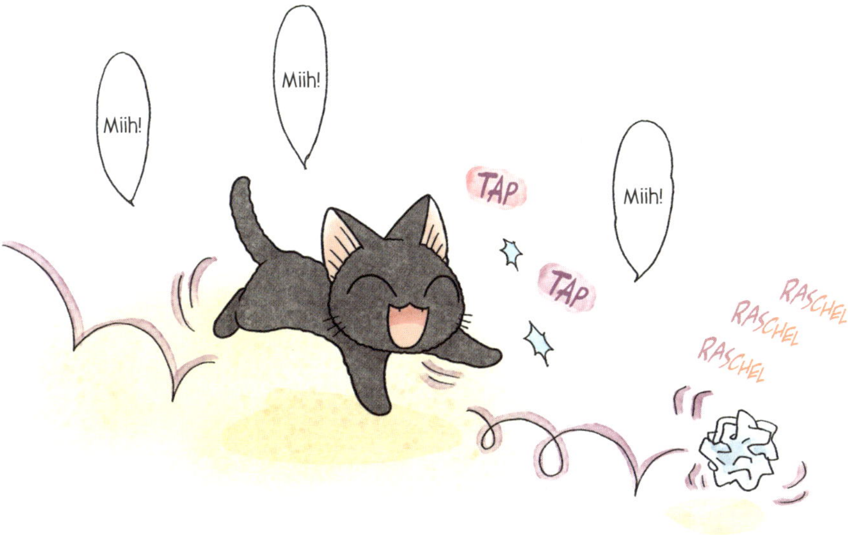

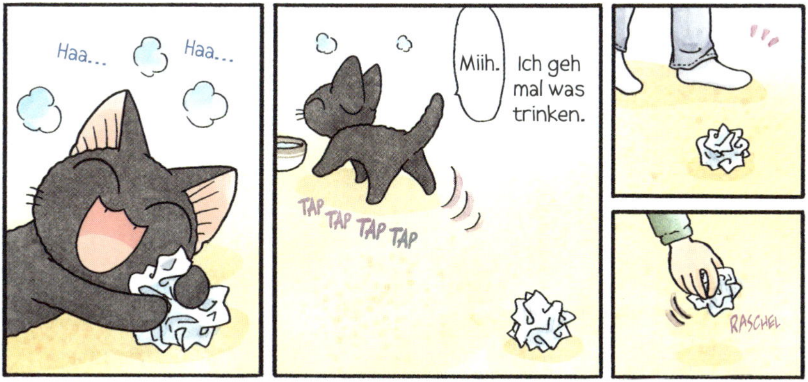

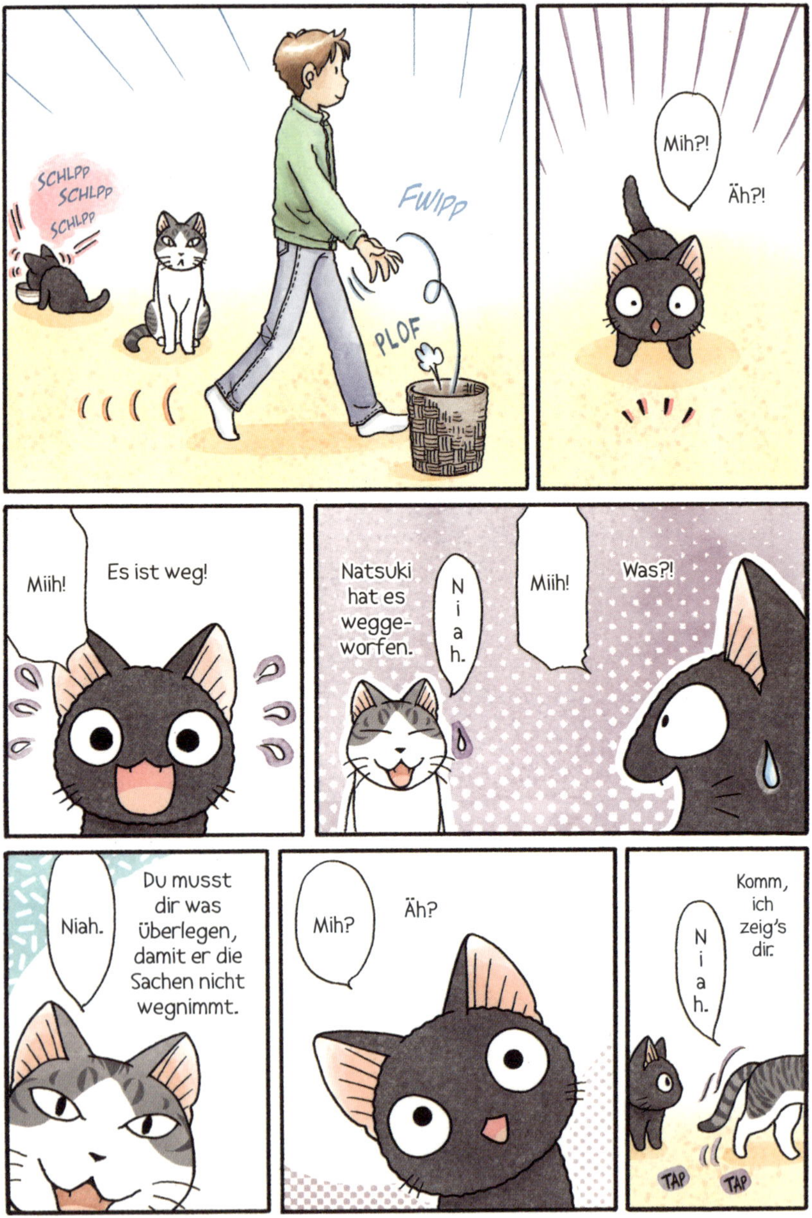

SCHLPP
SCHLPP
SCHLPP
FWIPP
PLOF
Mih?!
Äh?!
Miih!
Es ist weg!
Miih!
Was?!
Niah.
Natsuki hat es weggeworfen.
Niah.
Du musst dir was überlegen, damit er die Sachen nicht wegnimmt.
Mih?
Äh?
Niah.
Komm, ich zeig's dir.
TAP
TAP

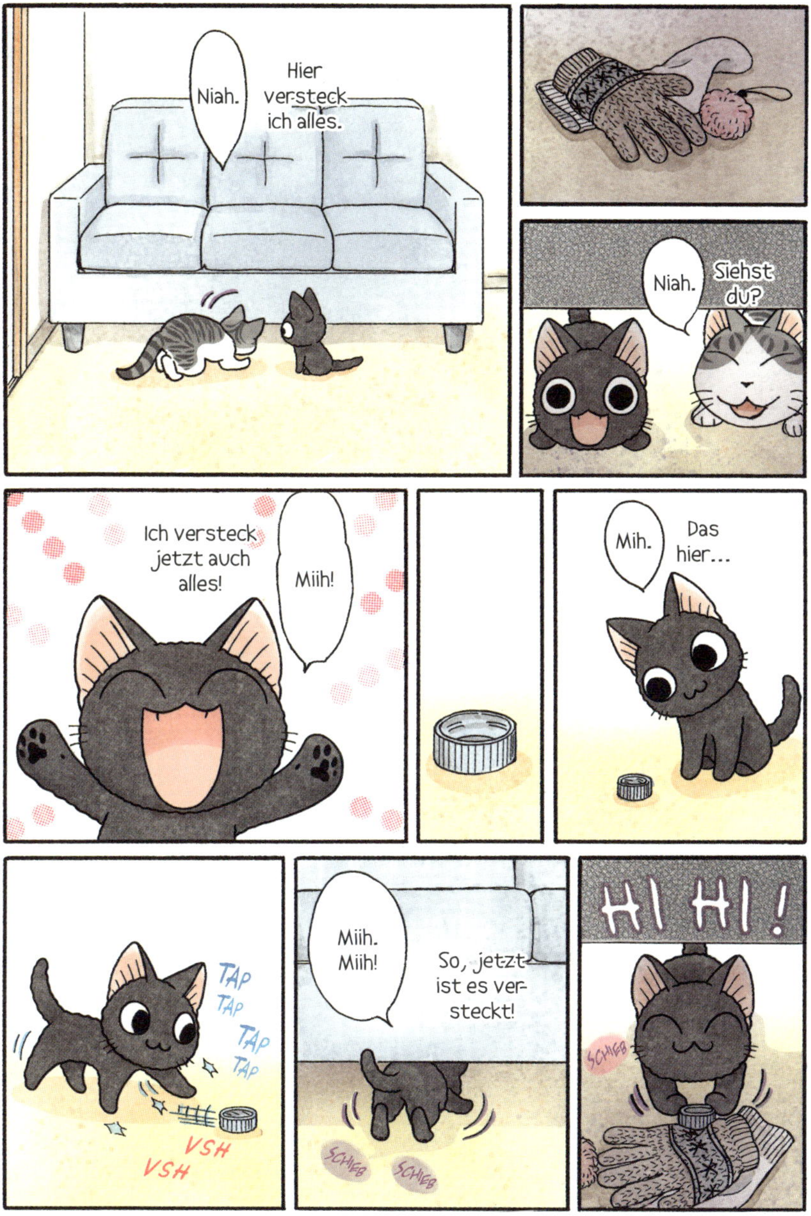
Niah.
Hier versteck ich alles.
Niah.
Siehst du?
Ich versteck jetzt auch alles!
Miih!
Mih.
Das hier…
TAP TAP TAP TAP
VSH VSH
Miih. Miih!
So, jetzt ist es versteckt!
SCHIEB SCHIEB
HI HI!
SCHIEB

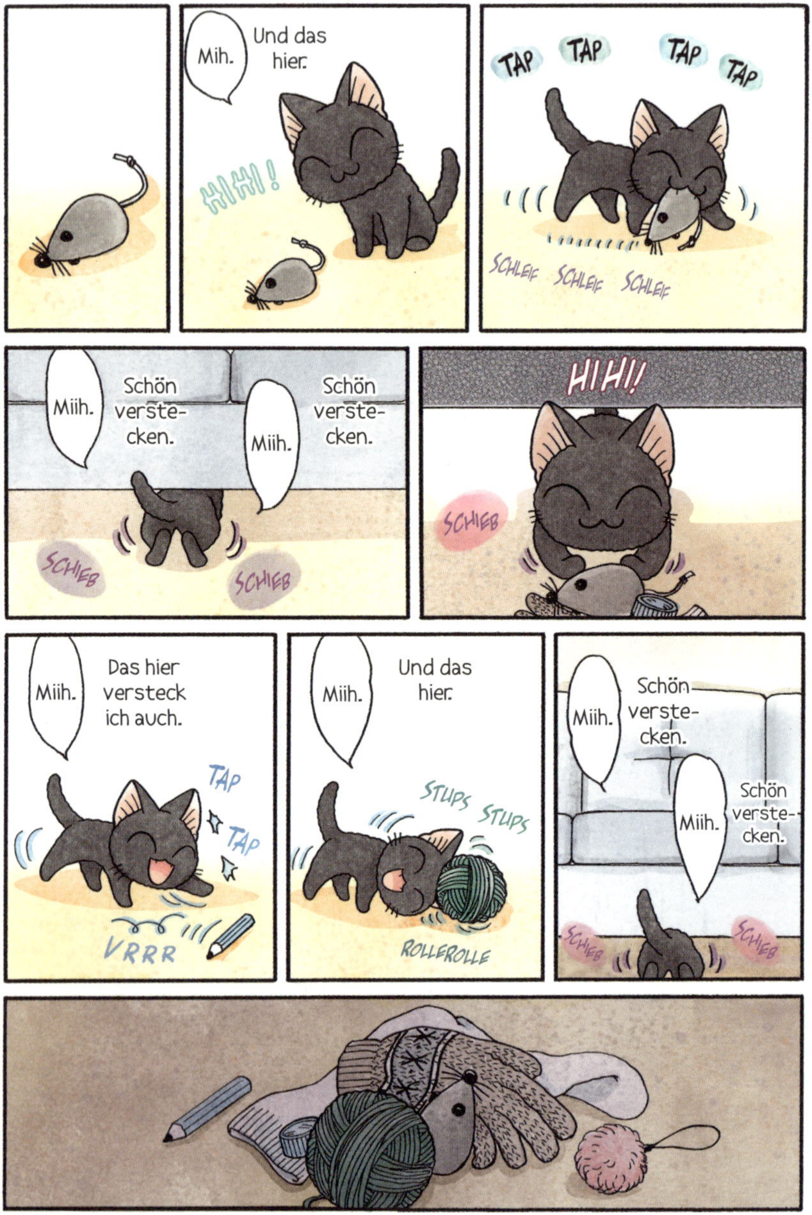
Mih.
Und das hier.
HIHI!
TAP
TAP
TAP
TAP
SCHLEIF
SCHLEIF
SCHLEIF
Miih.
Schön verstecken.
Miih.
Schön verstecken.
SCHIEB
SCHIEB
HIHI!
SCHIEB
Miih.
Das hier versteck ich auch.
TAP
TAP
VRRR
Miih.
Und das hier.
STUPS
STUPS
ROLLEROLLE
Miih.
Schön verstecken.
Miih.
Schön verstecken.
SCHIEB
SCHIEB

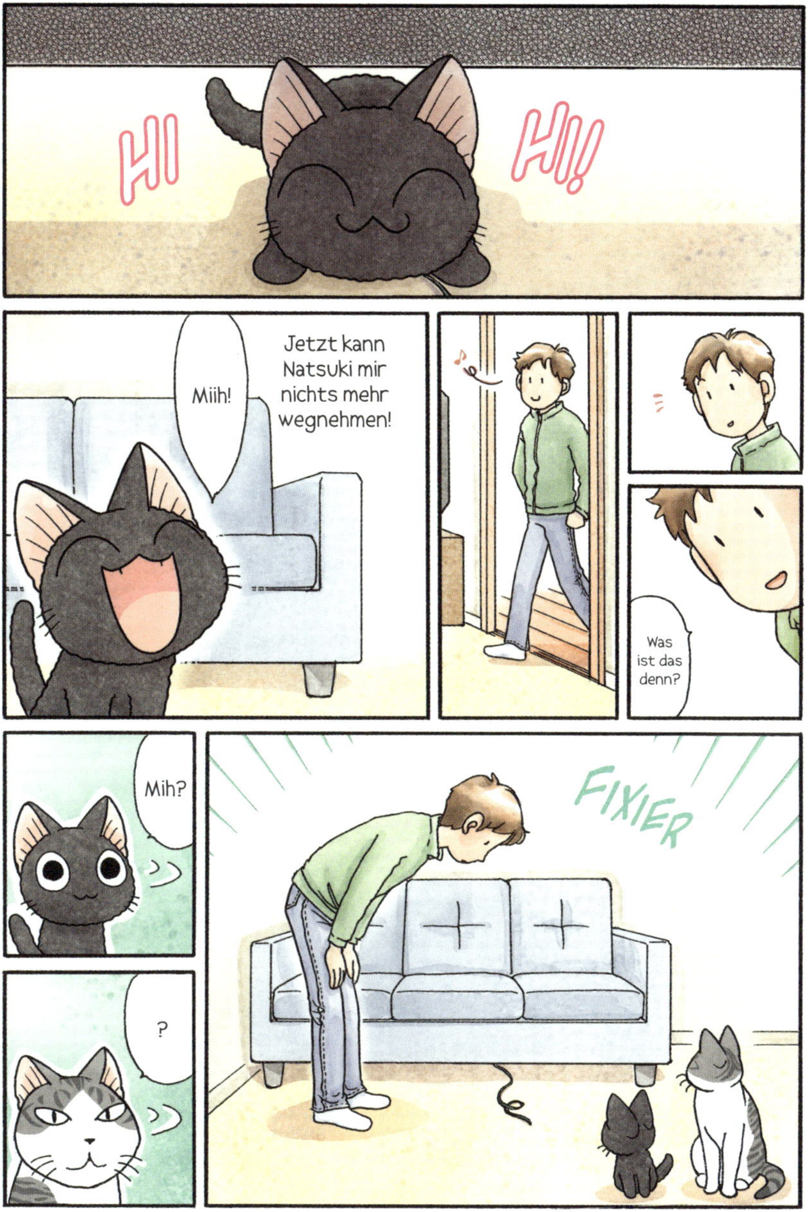
HI HI!
Miih!
Jetzt kann Natsuki mir nichts mehr wegnehmen!
Was ist das denn?
Mih?
?
FIXIER

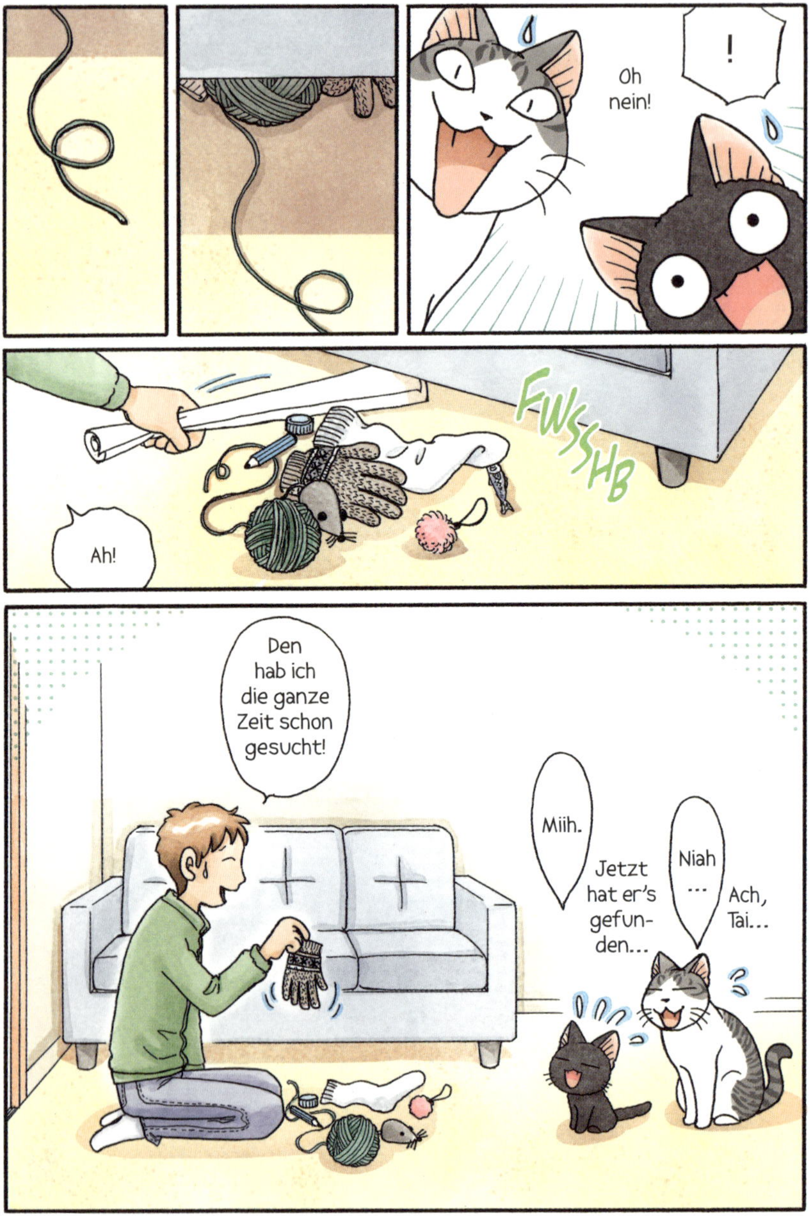

Oh nein!
!
FWSSHB
Ah!
Den hab ich die ganze Zeit schon gesucht!
Miih.
Jetzt hat er's gefunden...
Niah ...
Ach, Tai...

MIAU 26 Tais erster Schneespaß

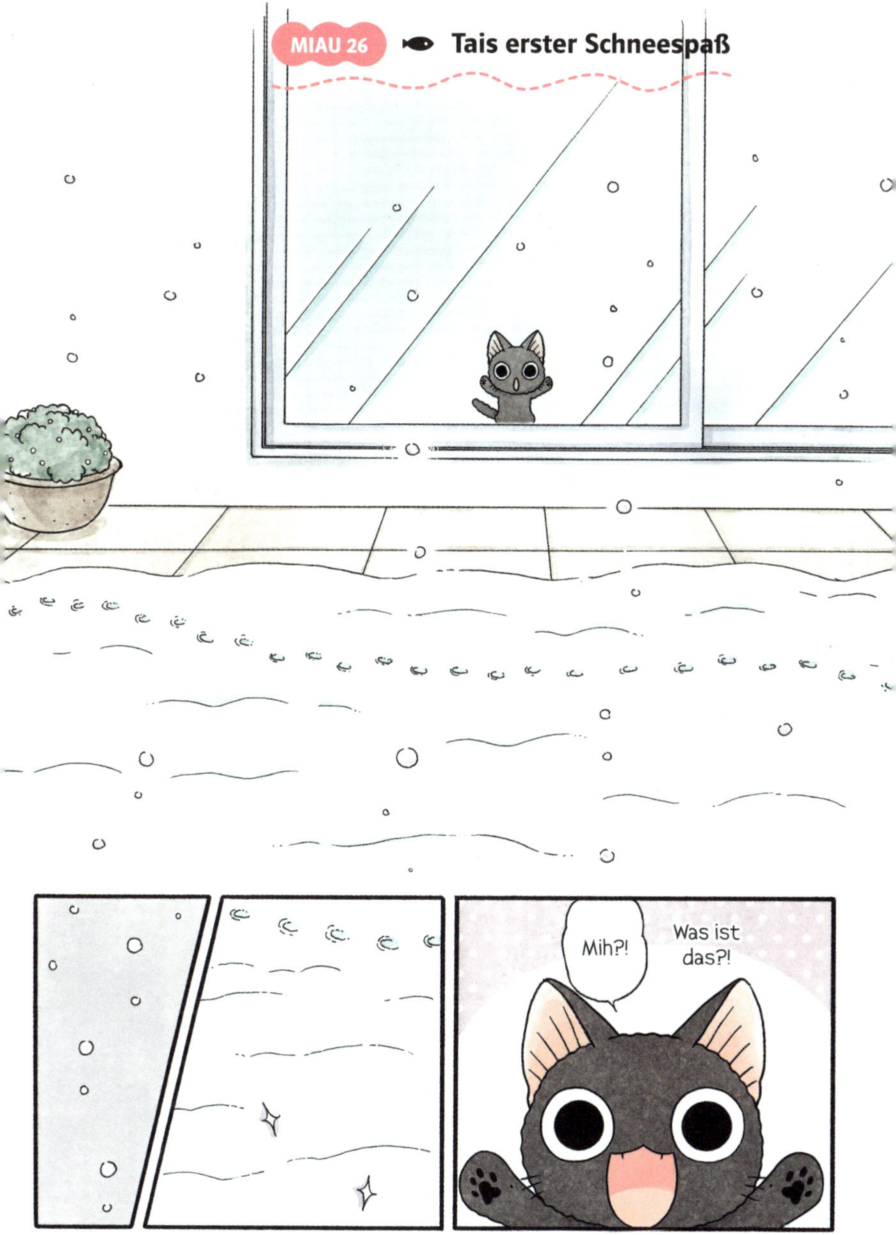

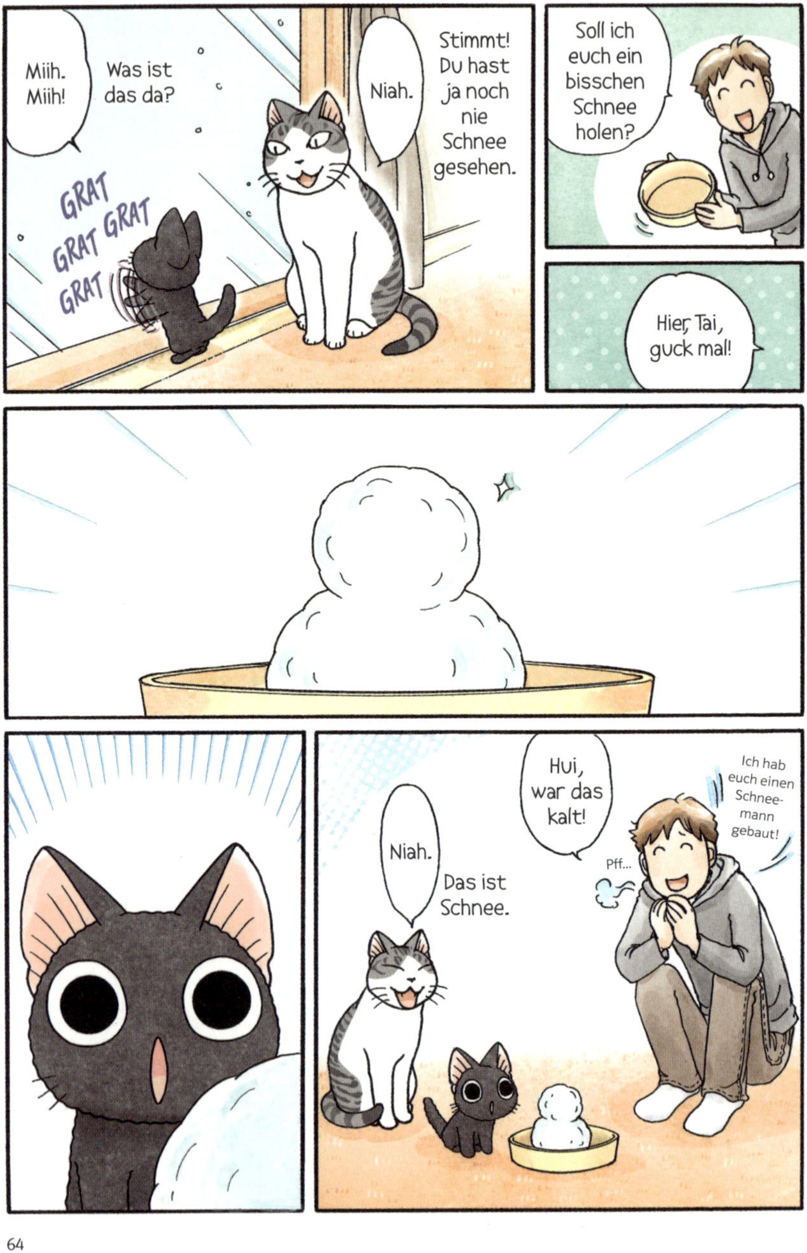

Miih. Miih!
Was ist das da?
GRAT GRAT GRAT GRAT
Niah.
Stimmt! Du hast ja noch nie Schnee gesehen.
Soll ich euch ein bisschen Schnee holen?
Hier, Tai, guck mal!
Hui, war das kalt!
Ich hab euch einen Schnee-mann gebaut!
Pff...
Niah.
Das ist Schnee.

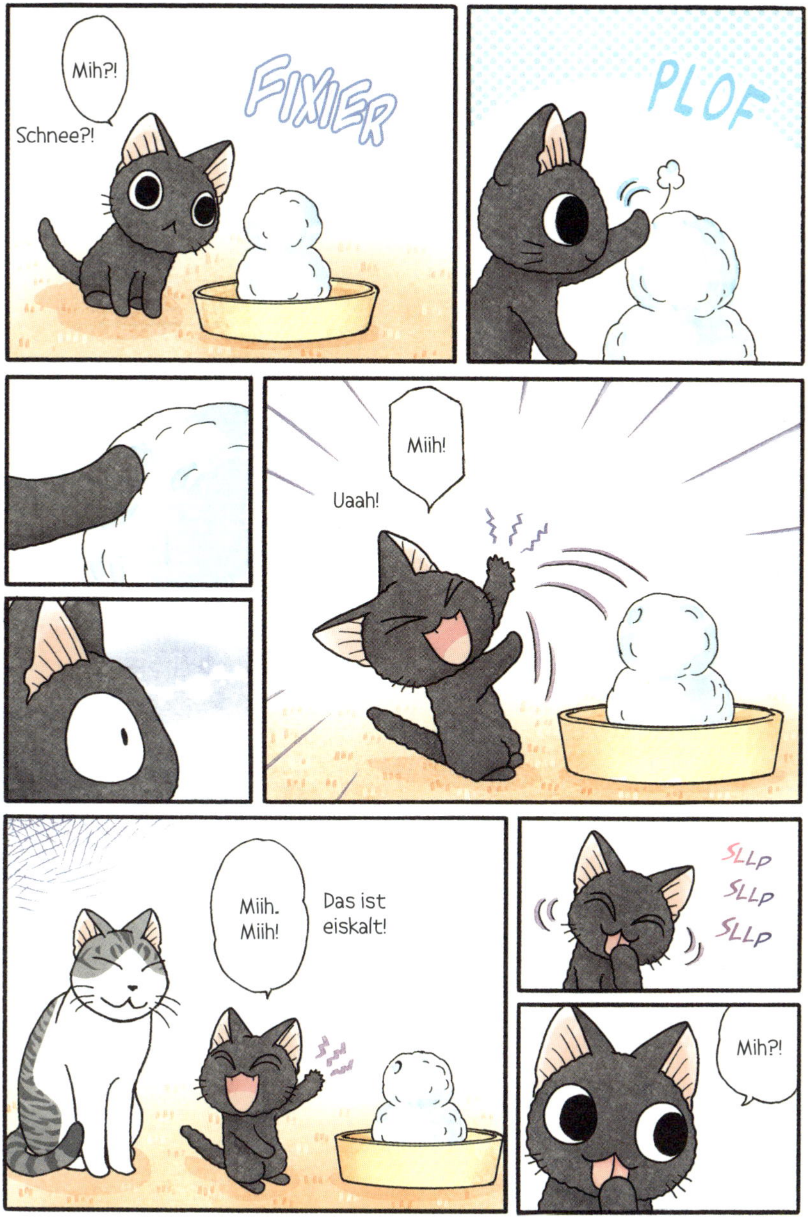
Mih?!
Schnee?!
FIXIER
PLOF
Miih!
Uaah!
Miih.
Miih!
Das ist
eiskalt!
SLLP
SLLP
SLLP
Mih?!

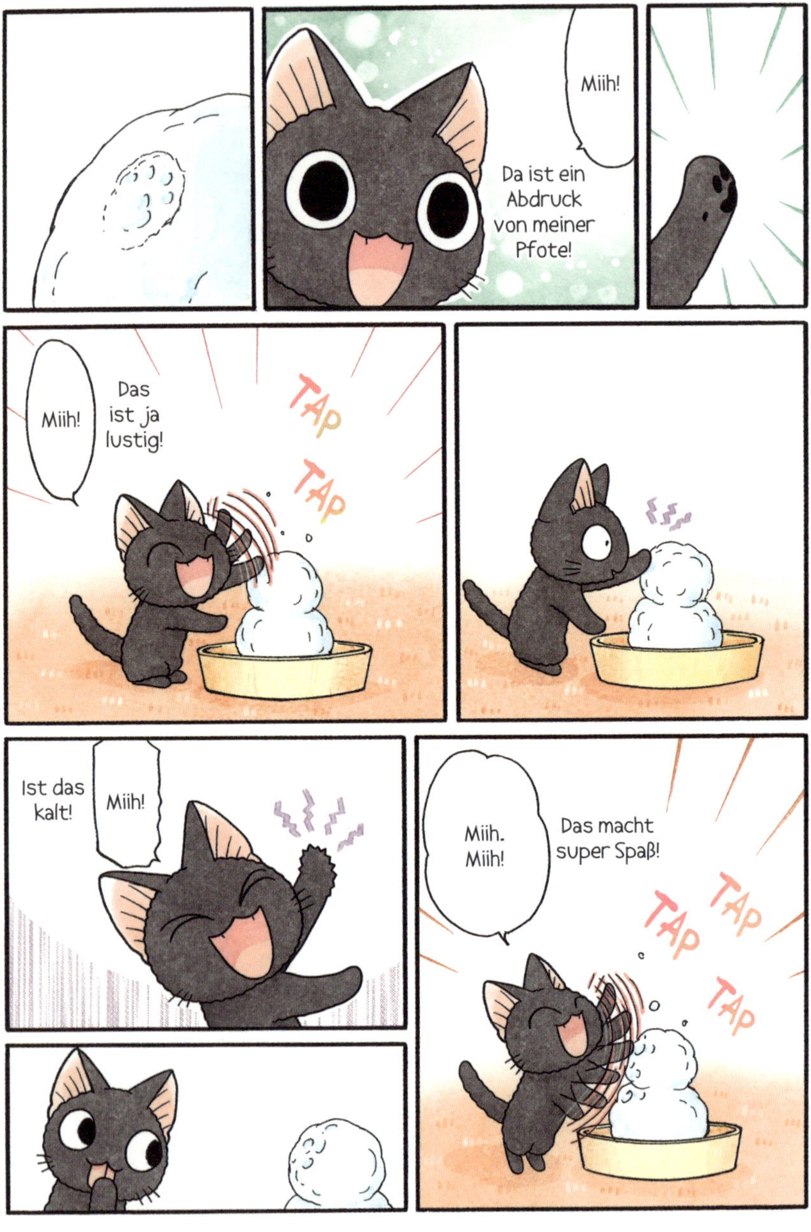
Miih!
Da ist ein Abdruck von meiner Pfote!
TAP
TAP
Das ist ja lustig!
Miih!
Miih!
Ist das kalt!
Das macht super Spaß!
Miih. Miih!
TAP
TAP
TAP

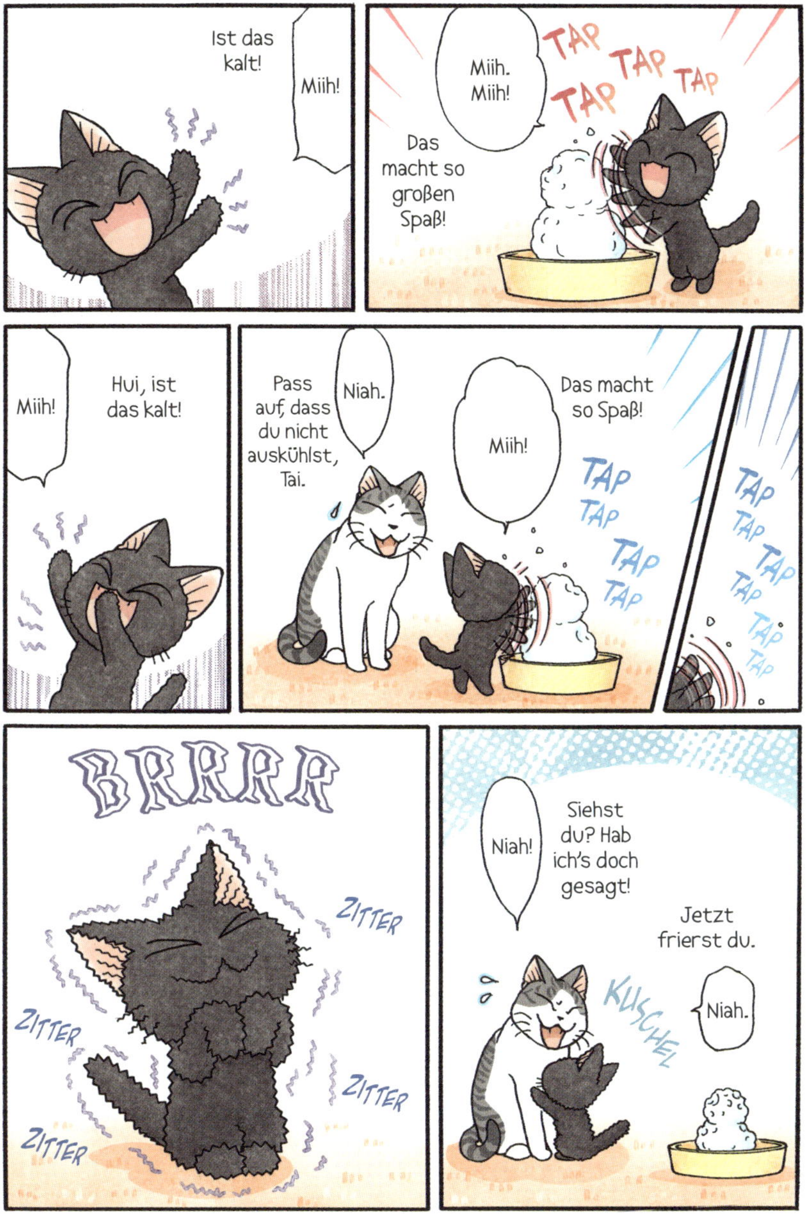
Ist das kalt!
Miih!
Miih. Miih!
Das macht so großen Spaß!
TAP TAP TAP TAP
Miih!
Hui, ist das kalt!
Pass auf, dass du nicht auskühlst, Tai.
Niah.
Miih!
Das macht so Spaß!
TAP TAP TAP TAP
TAP TAP TAP TAP TAP TAP
BRRRR
ZITTER
ZITTER
ZITTER
ZITTER
Niah!
Siehst du? Hab ich's doch gesagt!
Jetzt frierst du.
KUSCHEL
Niah.

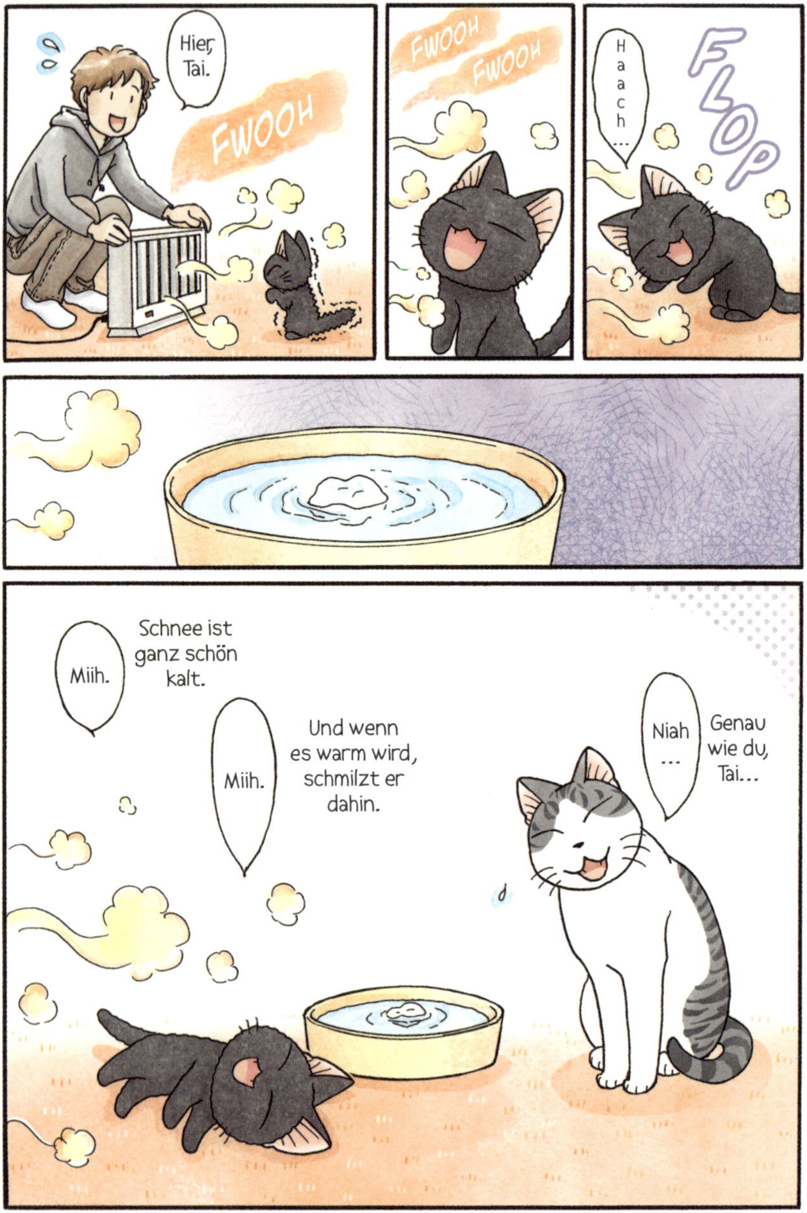
Hier, Tai.
FWOOH
FWOOH
FWOOH
Haach...
FLOP
Miih.
Schnee ist ganz schön kalt.
Miih.
Und wenn es warm wird, schmilzt er dahin.
Niah...
Genau wie du, Tai...

MIAU 27 Ein kleines Katzengeheimnis

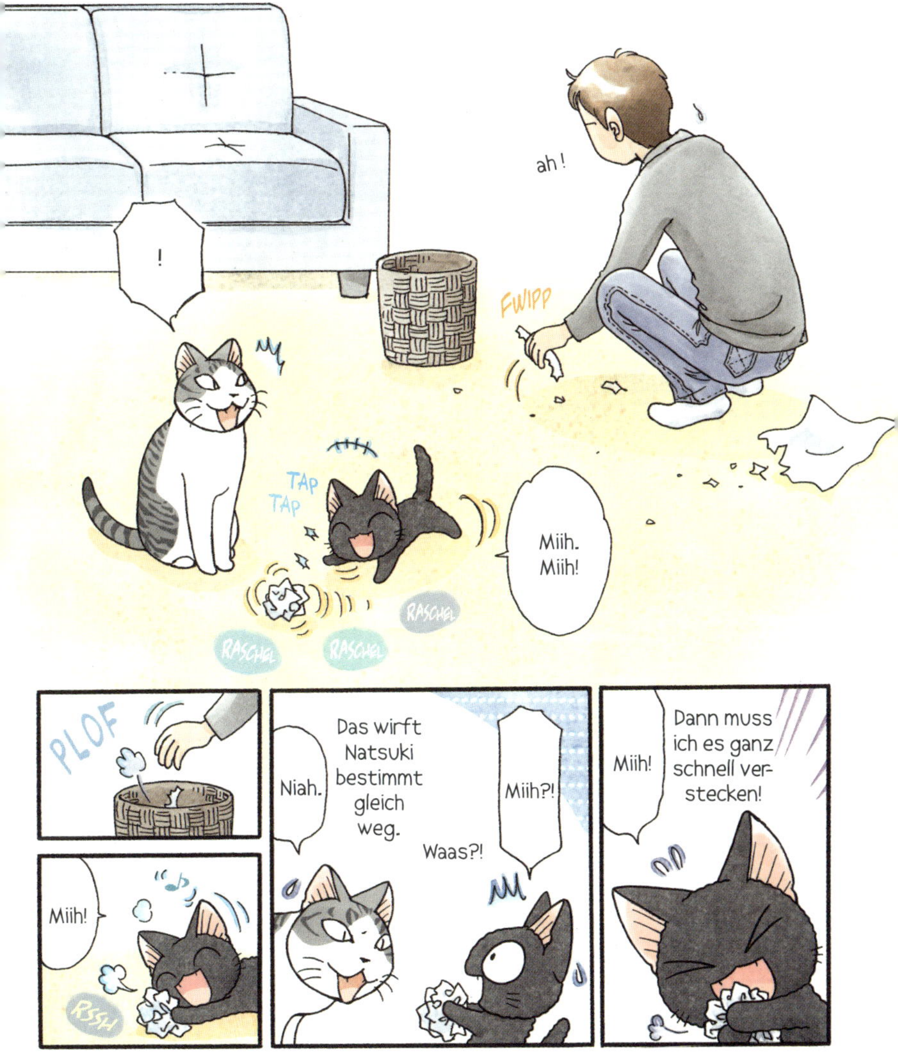

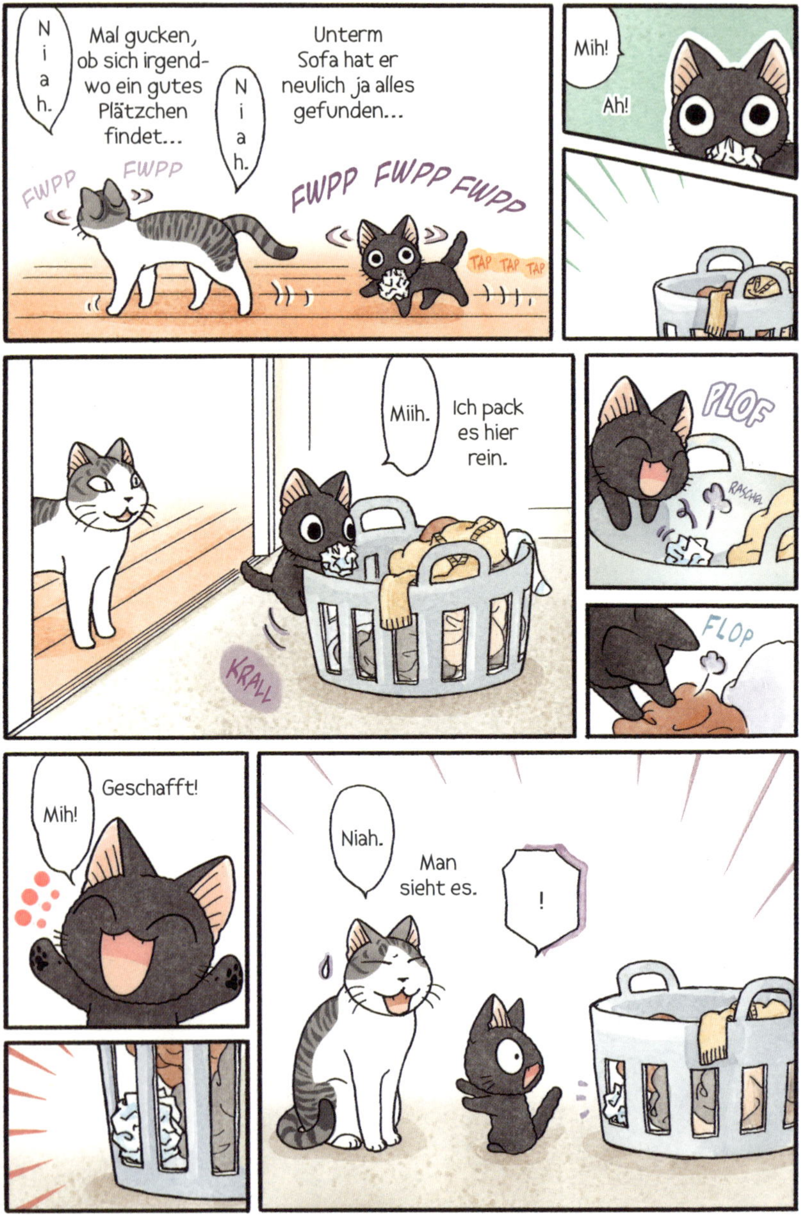
Niah.
Mal gucken, ob sich irgendwo ein gutes Plätzchen findet...
Niah.
Unterm Sofa hat er neulich ja alles gefunden...
FWPP FWPP
FWPP FWPP FWPP
TAP TAP TAP
Mih!
Ah!
Miih.
Ich pack es hier rein.
KRALL
PLOF
RASCHEL
FLOP
Mih!
Geschafft!
Niah.
Man sieht es.
!

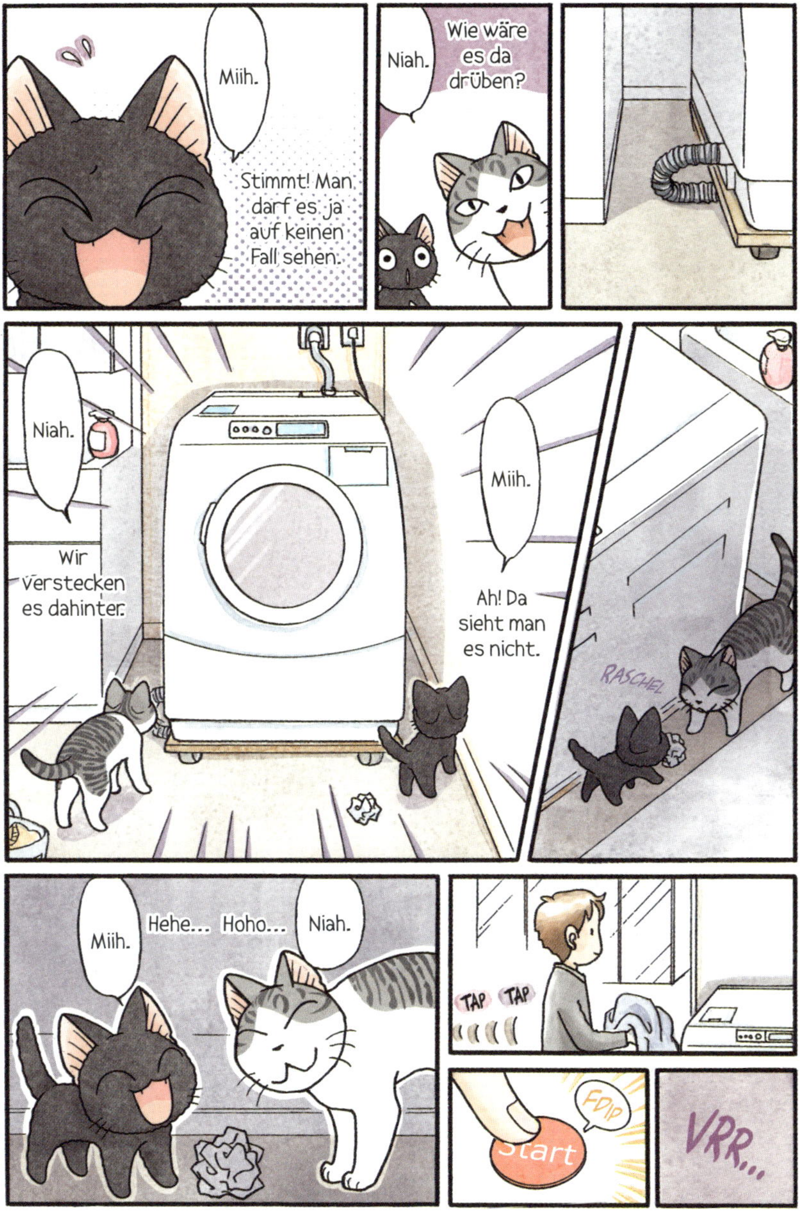
Miih.
Stimmt! Man darf es ja auf keinen Fall sehen.
Niah.
Wie wäre es da drüben?
Niah.
Wir verstecken es dahinter.
Miih.
Ah! Da sieht man es nicht.
RASCHEL
Miih.
Hehe... Hoho...
Niah.
TAP TAP
FDIP
Start
VRR...

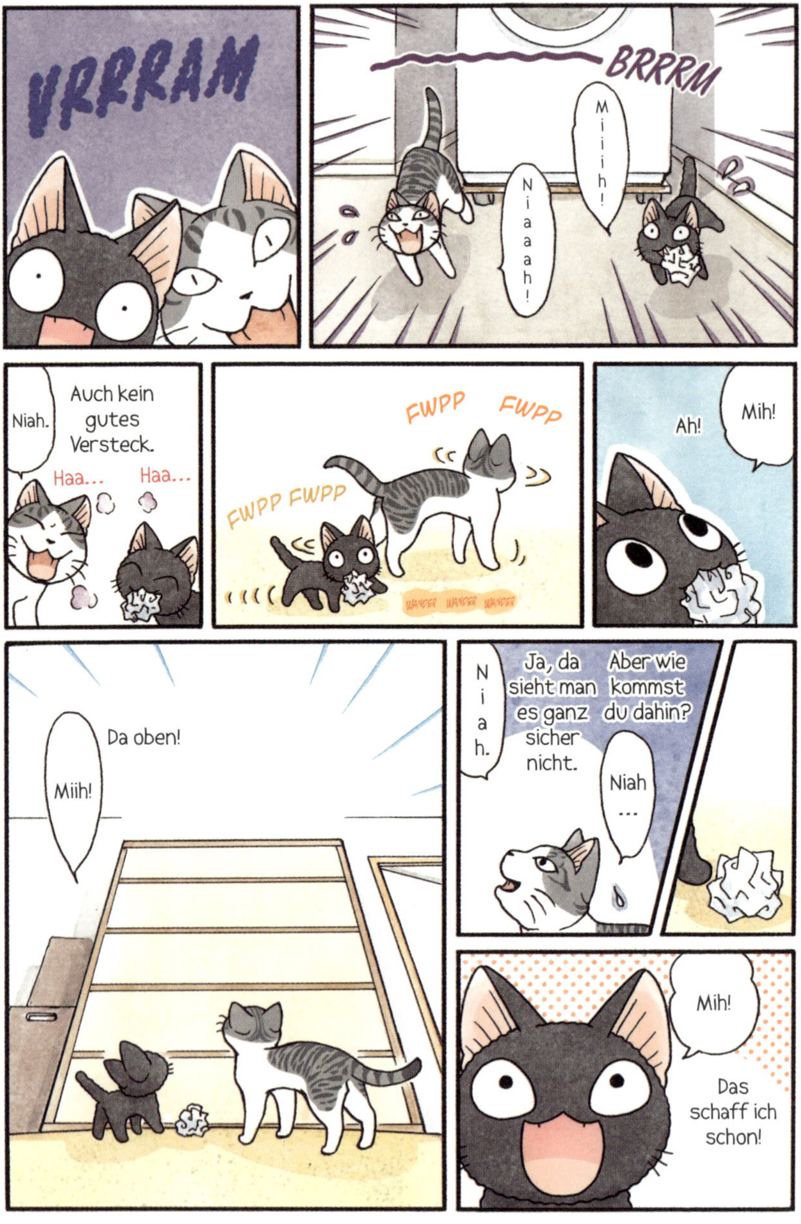
VRRRAM
BRRRM
Niaaaah!
Miiih!
Niah.
Auch kein gutes Versteck.
Haa...
Haa...
FWPP FWPP
FWPP
FWPP
WANDER WANDER WANDER
Ah!
Mih!
Da oben!
Miih!
Niah.
Ja, da sieht man es ganz sicher nicht.
Aber wie kommst du dahin?
Niah ...
Mih!
Das schaff ich schon!

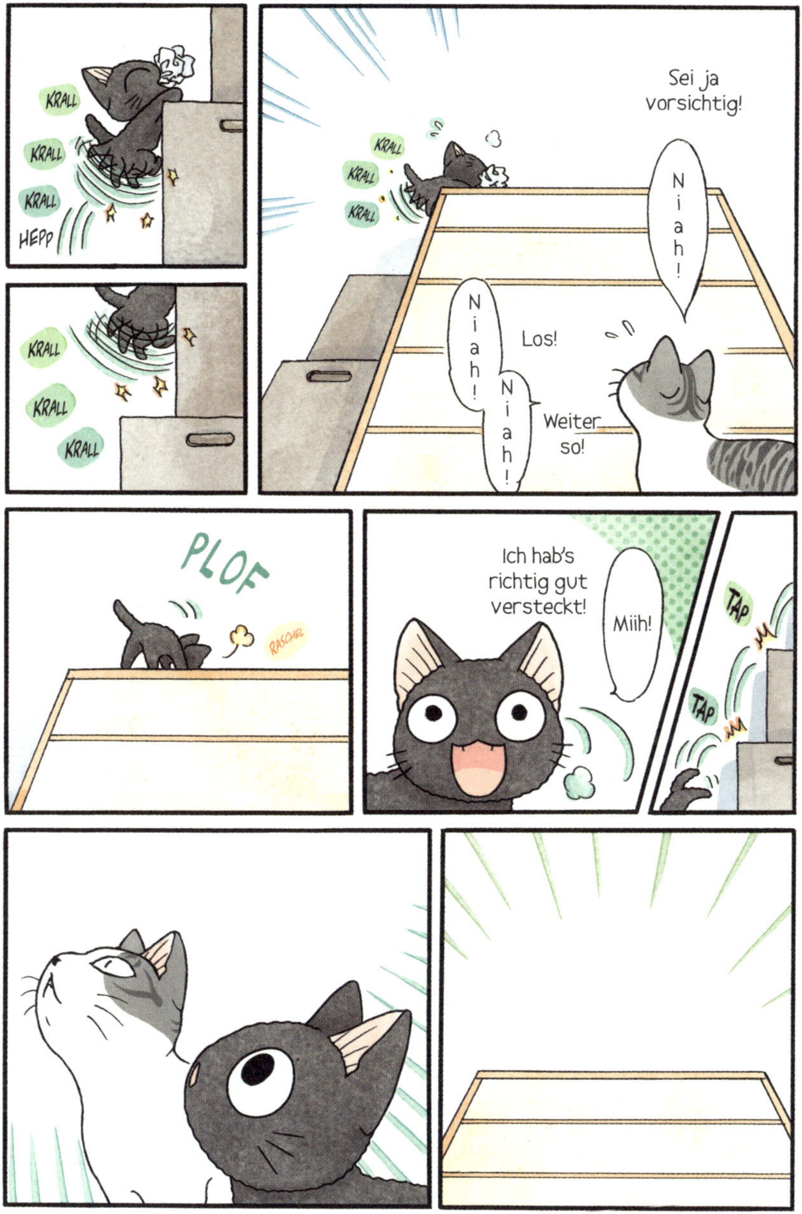

KRALL
KRALL
KRALL
HEPP
KRALL
KRALL
KRALL
KRALL
KRALL
KRALL
Sei ja vorsichtig!
Niah!
Niah!
Los!
Niah!
Weiter so!
PLOF
RASCHEL
Ich hab's richtig gut versteckt!
Miih!
TAP
TAP

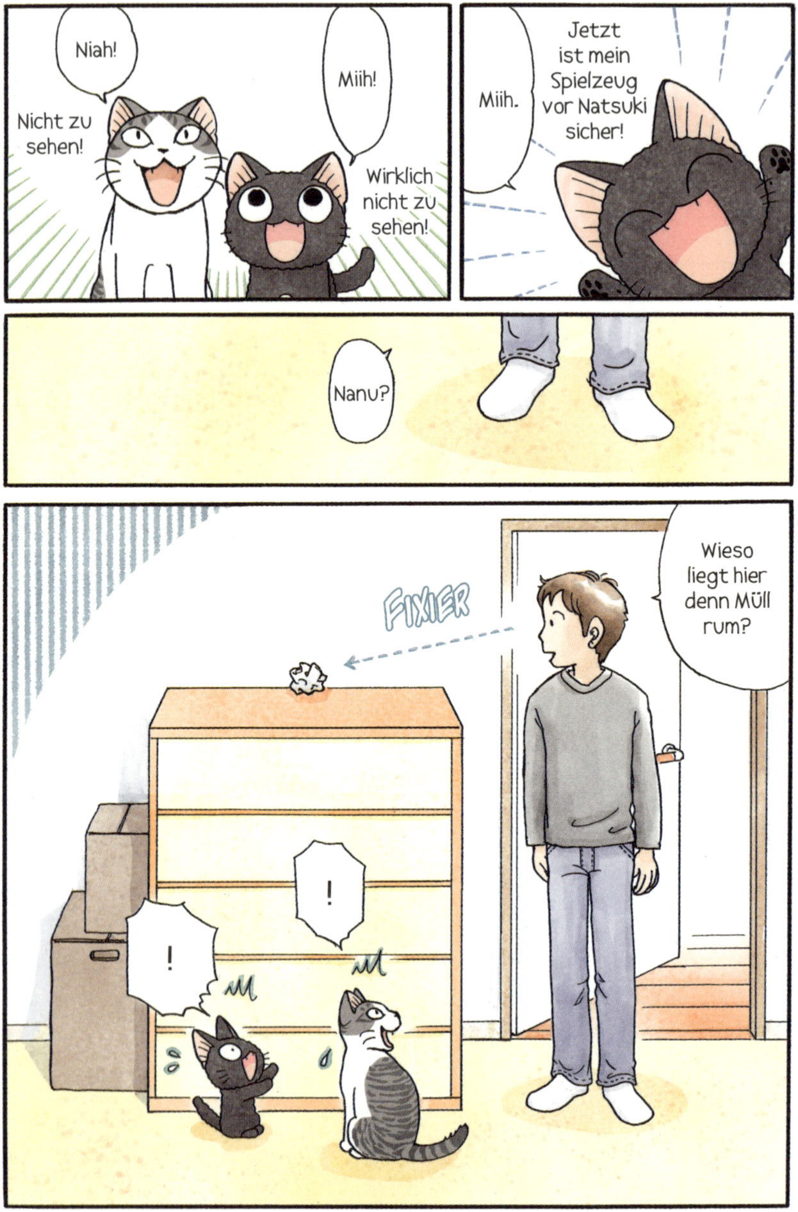
Niah!
Nicht zu sehen!
Miih!
Wirklich nicht zu sehen!
Miih.
Jetzt ist mein Spielzeug vor Natsuki sicher!
Nanu?
FIXIER
Wieso liegt hier denn Müll rum?
!
!

MIAU 28 Wenn Natsuki nicht da ist...

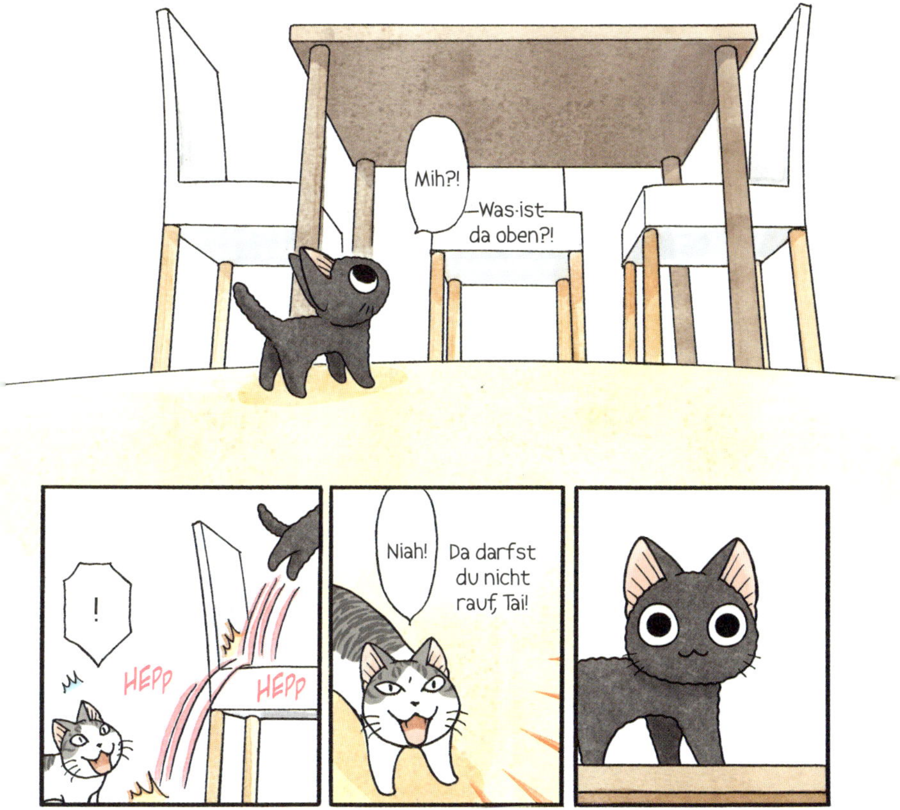

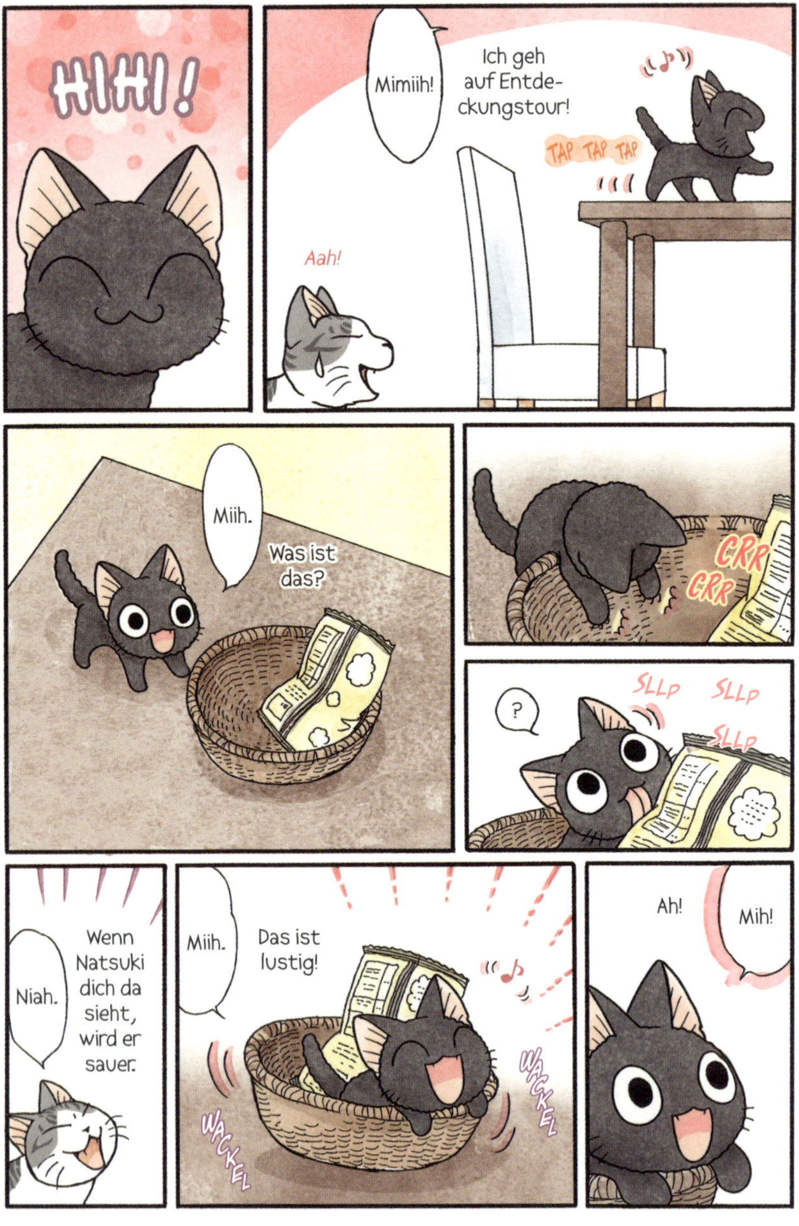
HIHI!
Mimiih!
Ich geh auf Entdeckungstour!
TAP TAP TAP
Aah!
Miih.
Was ist das?
CRR CRR
?
SLLP SLLP SLLP
Niah.
Wenn Natsuki dich da sieht, wird er sauer.
Miih.
Das ist lustig!
WACKEL WACKEL
Ah!
Mih!

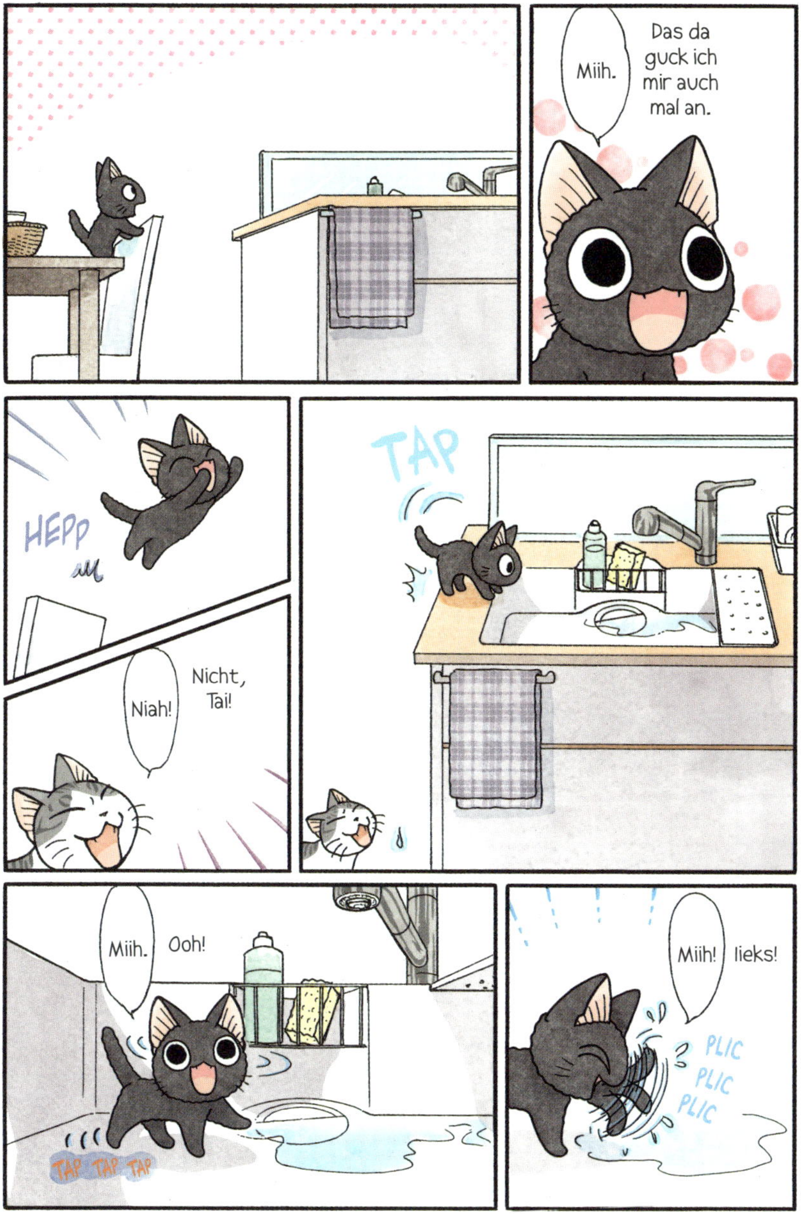
Das da guck ich mir auch mal an.
Miih.
HEPP
Nicht, Tai!
Niah!
TAP
Ooh!
Miih.
TAP TAP TAP
Iieks!
Miih!
PLIC
PLIC
PLIC

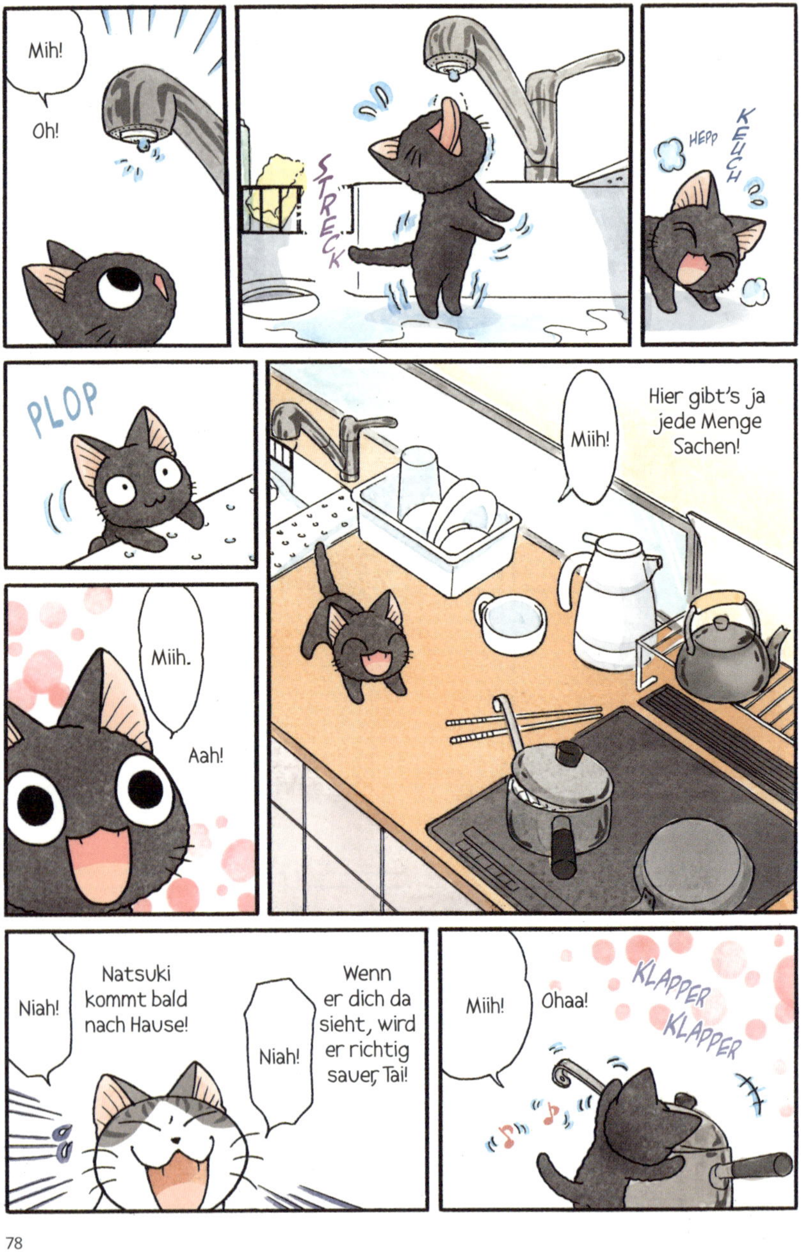
Mih!
Oh!
STRECK
HEPP
KEUCH
PLOP
Miih!
Hier gibt's ja jede Menge Sachen!
Miih.
Aah!
Niah!
Natsuki kommt bald nach Hause!
Niah!
Wenn er dich da sieht, wird er richtig sauer, Tai!
Miih!
Ohaa!
KLAPPER
KLAPPER

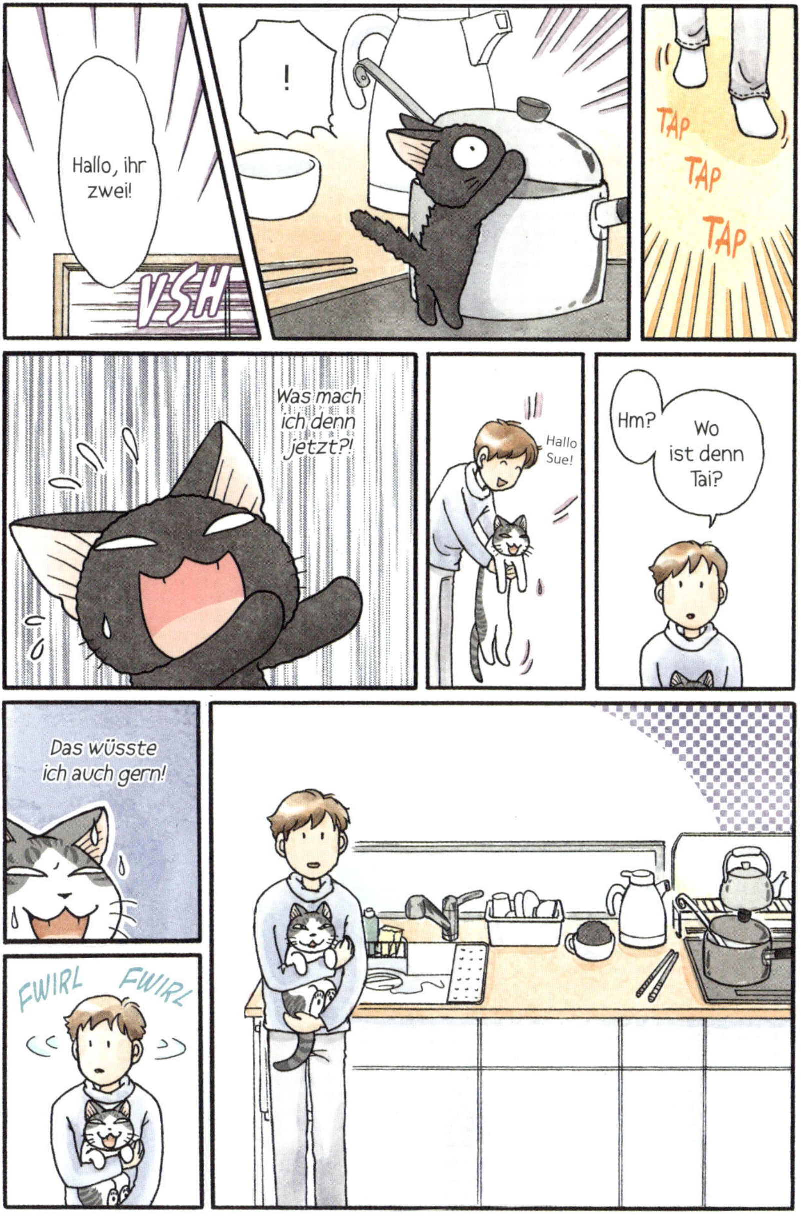
Hallo, ihr zwei!
VSH
!
TAP
TAP
TAP
Was mach ich denn jetzt?!
Hallo Sue!
Hm?
Wo ist denn Tai?
Das wüsste ich auch gern!
FWIRL
FWIRL

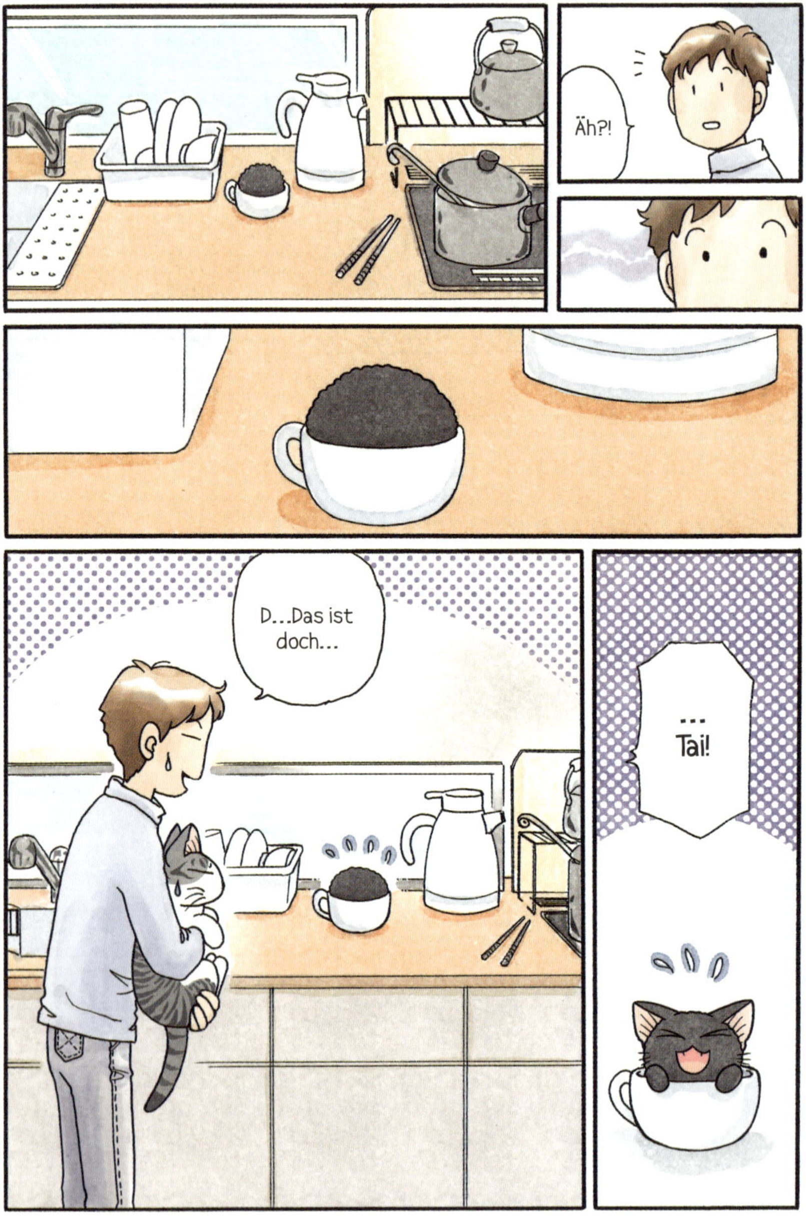
Äh?!
D...Das ist doch...
...Tai!

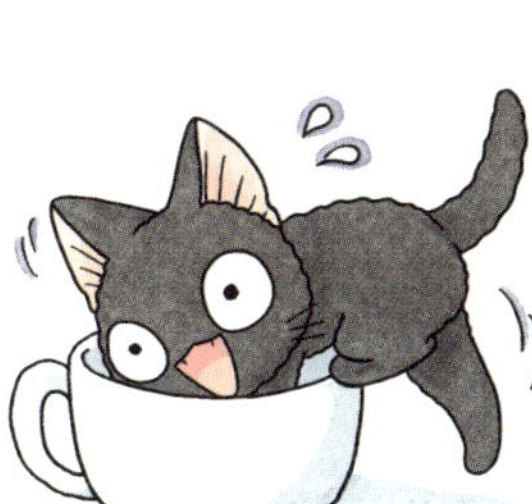

Kleiner
Tai &
Omi Sue

MIAU 29 • Wer darf auf den Schoß?

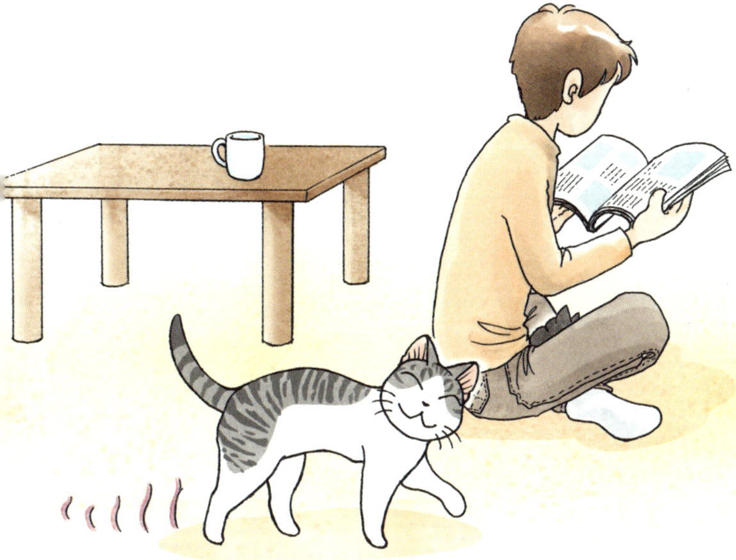

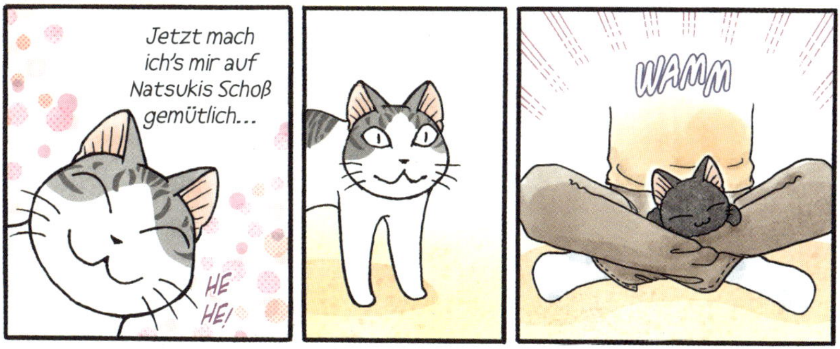

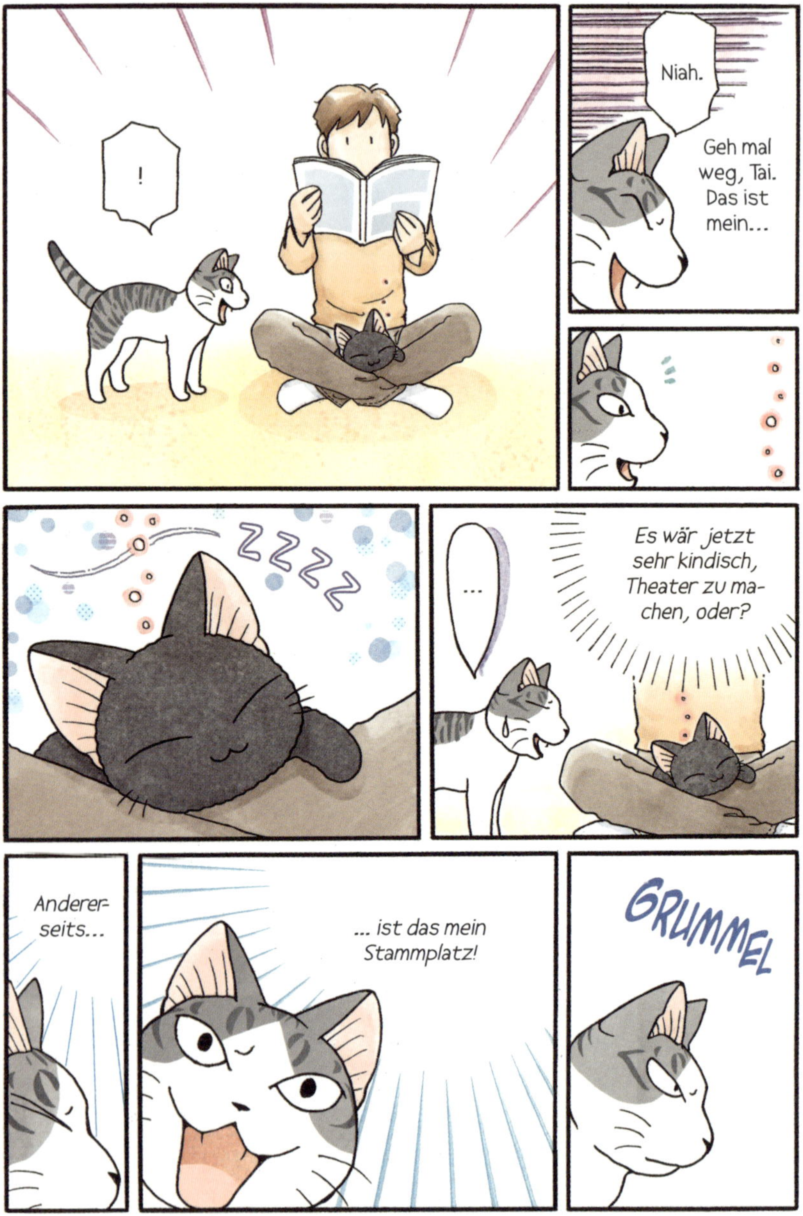
!
Niah.
Geh mal weg, Tai. Das ist mein...
ZZZZ
...
Es wär jetzt sehr kindisch, Theater zu machen, oder?
Anderer-seits...
... ist das mein Stammplatz!
GRUMMEL

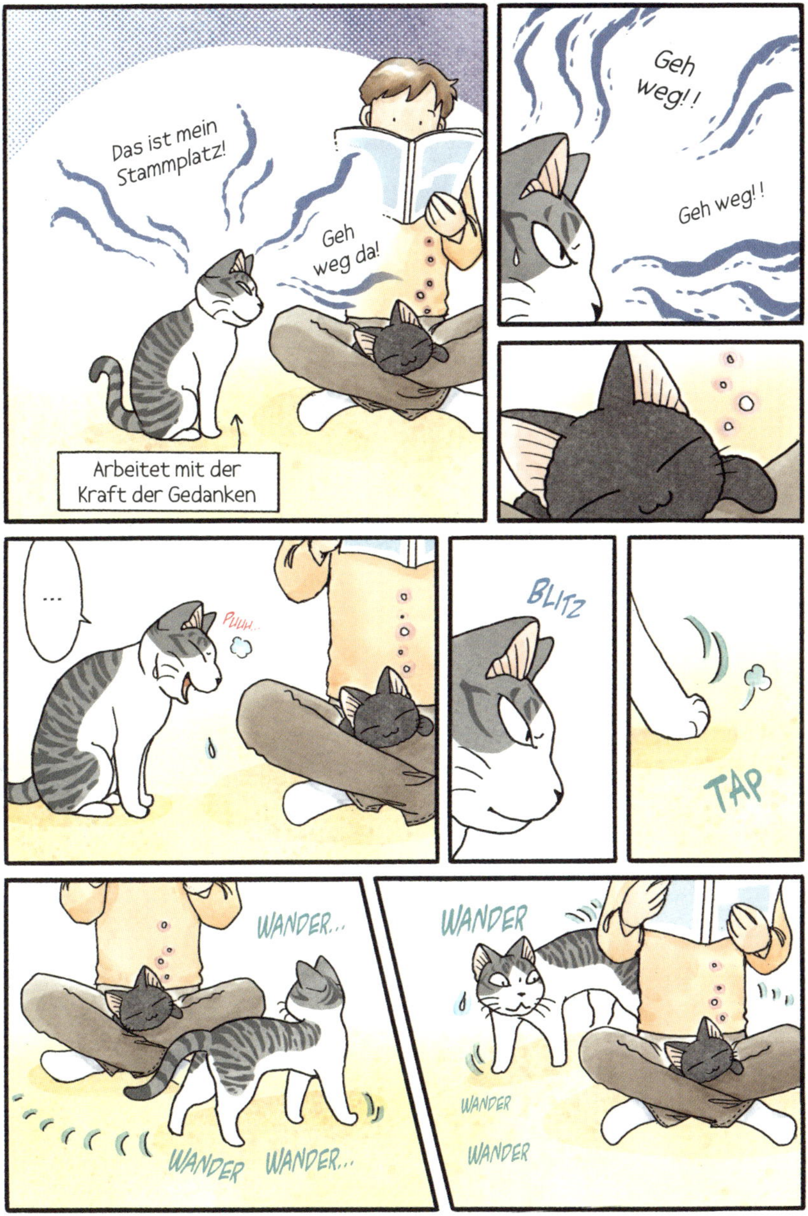
Das ist mein Stammplatz!
Geh weg da!
Arbeitet mit der Kraft der Gedanken
Geh weg!!
Geh weg!!
...
PUUH...
BLITZ
TAP
WANDER...
WANDER
WANDER...
WANDER
WANDER
WANDER

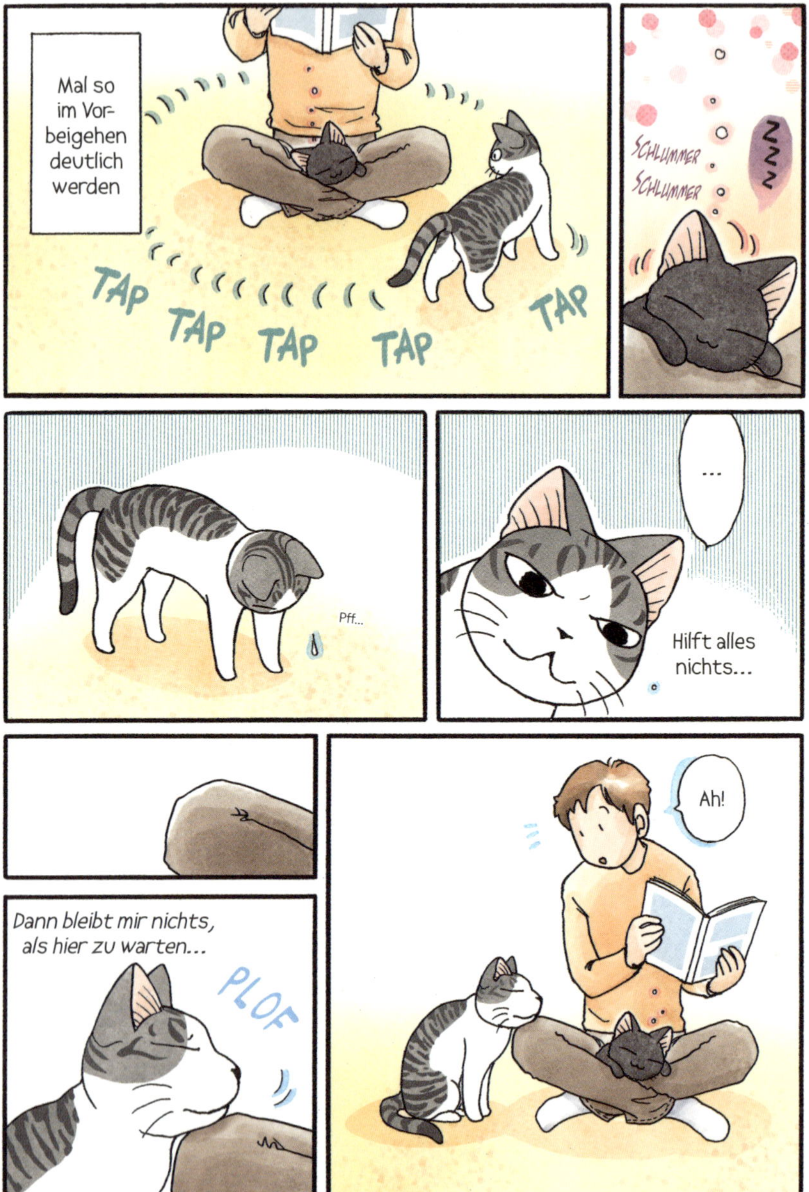
Mal so im Vorbeigehen deutlich werden
TAP
TAP
TAP
TAP
TAP
SCHLUMMER
SCHLUMMER
ZZZ
Pff...
...
Hilft alles nichts...
Ah!
Dann bleibt mir nichts, als hier zu warten...
PLOF

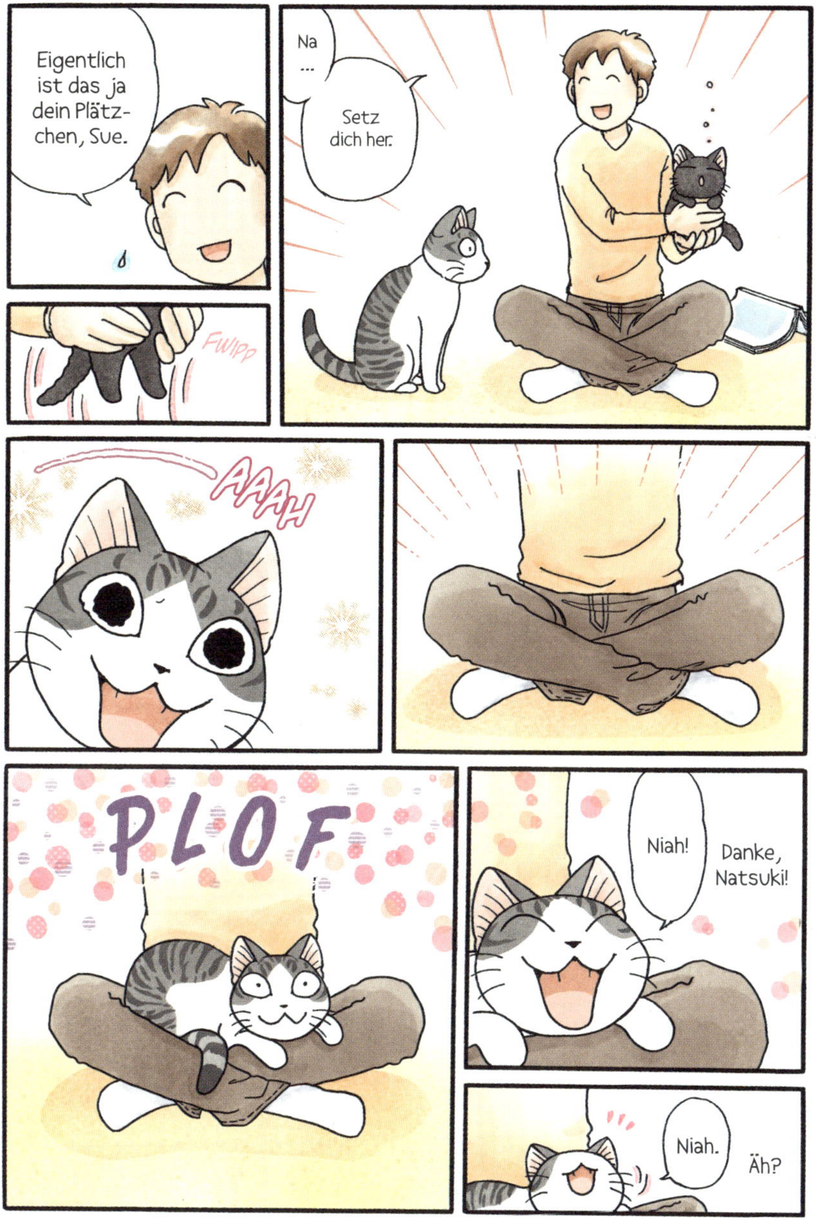
Eigentlich ist das ja dein Plätzchen, Sue.
Na ...
Setz dich her.
FWIPP
AAAH
PLOF
Niah!
Danke, Natsuki!
Niah.
Äh?

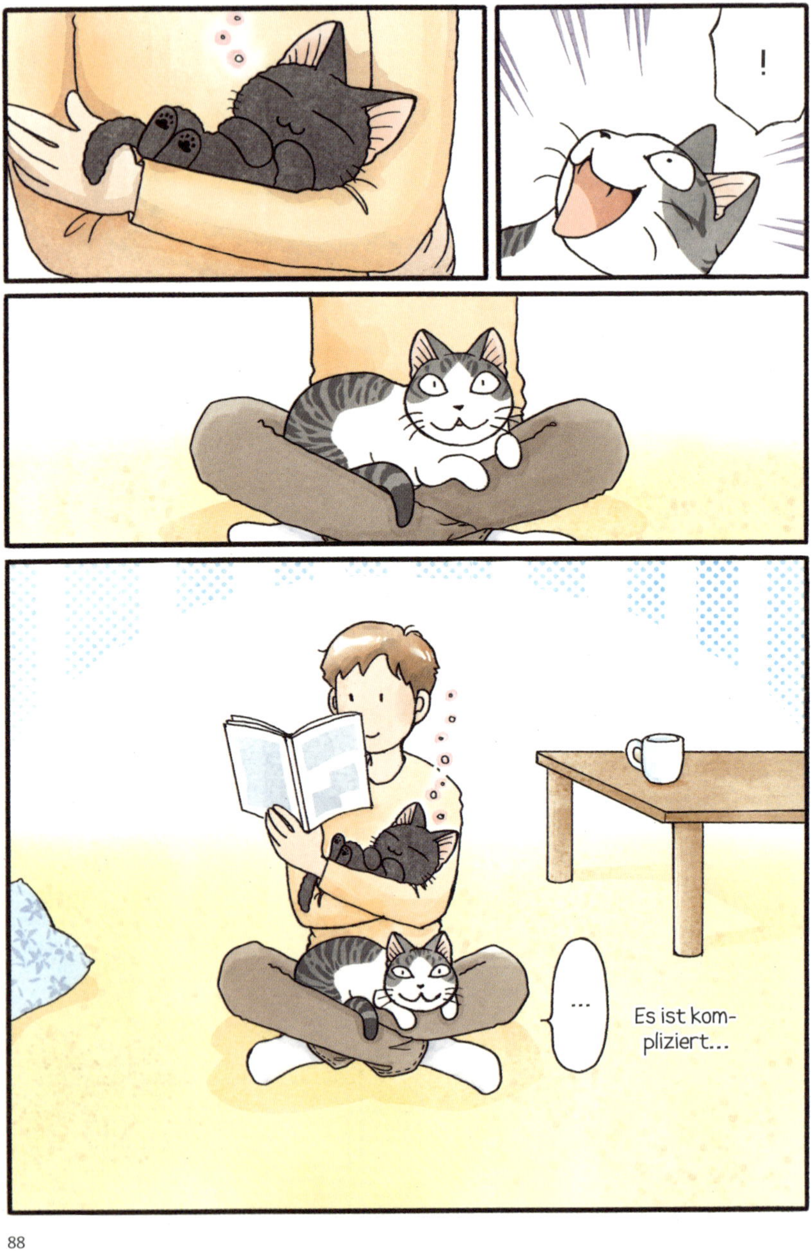
!
...
Es ist kom-
pliziert...

MIAU 30 Wer ist wer?!

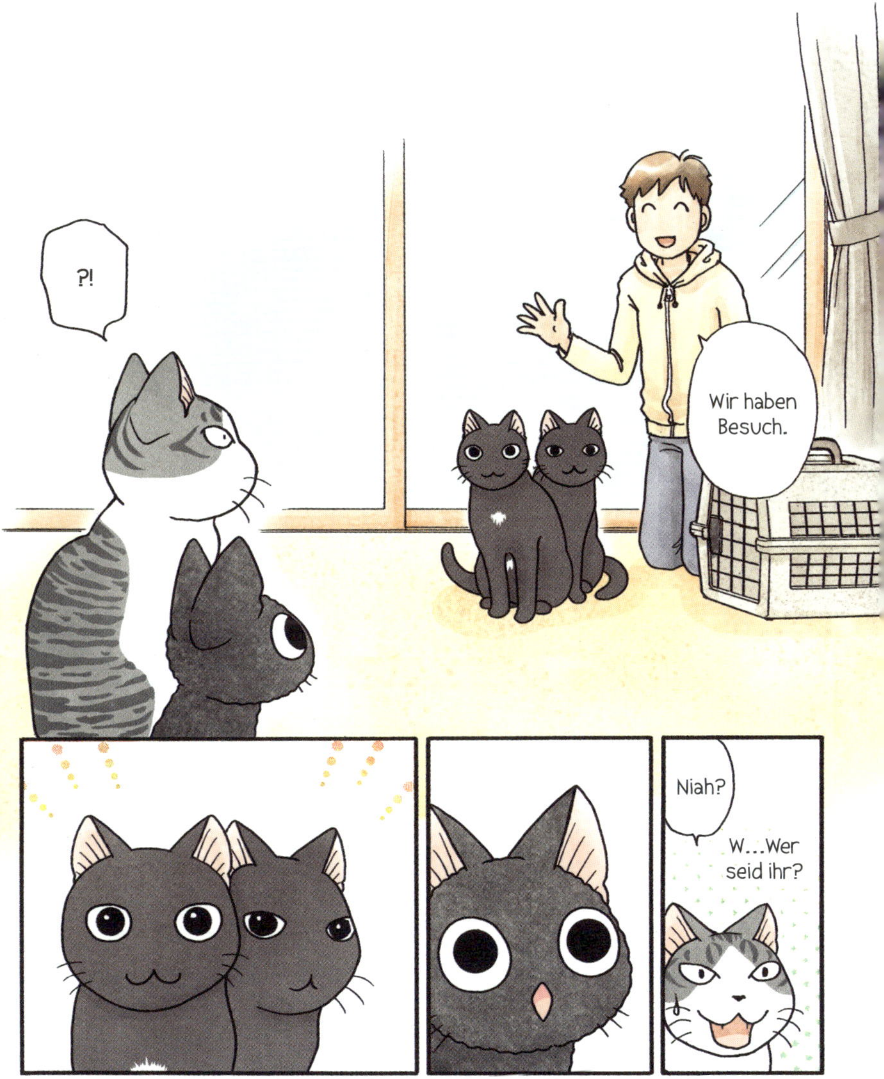

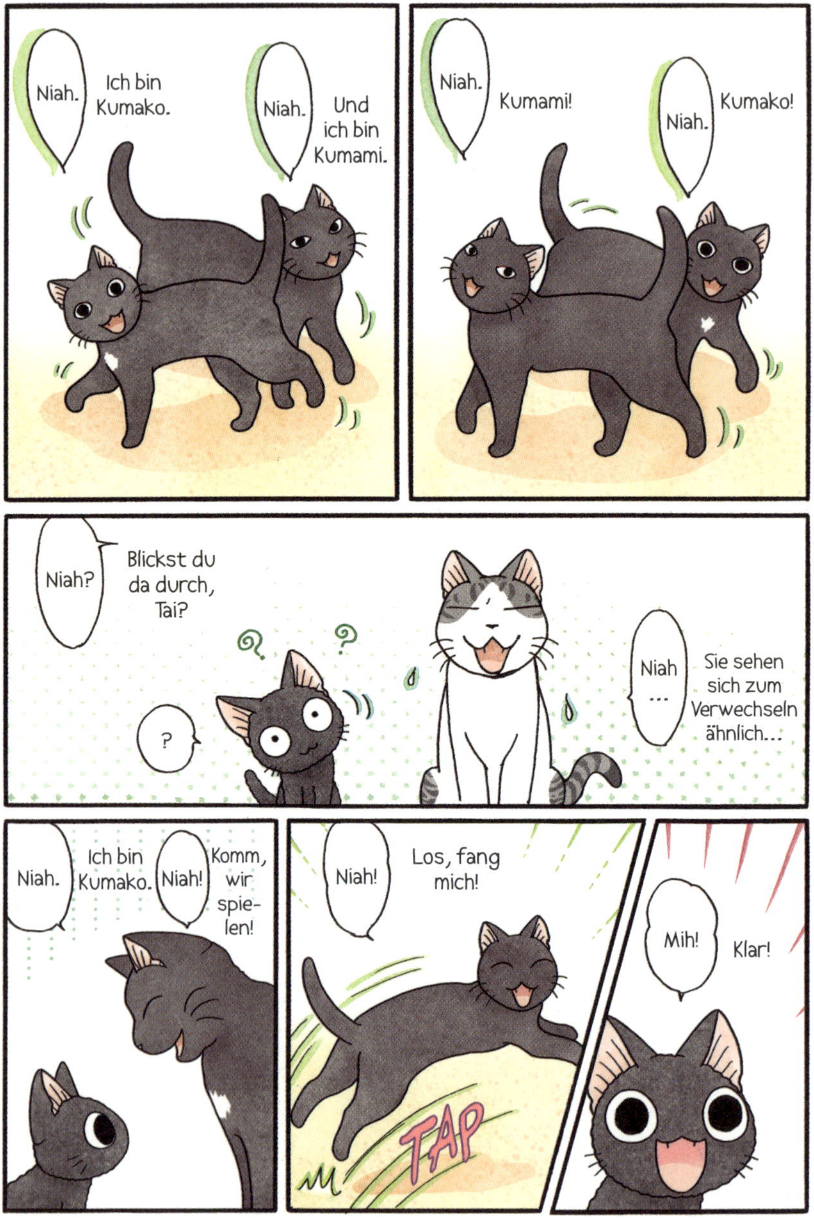
Niah.
Ich bin Kumako.
Niah.
Und ich bin Kumami.
Niah.
Kumami!
Niah.
Kumako!
Niah?
Blickst du da durch, Tai?
?
Niah …
Sie sehen sich zum Verwechseln ähnlich…
Niah.
Ich bin Kumako.
Niah!
Komm, wir spie-len!
Niah!
Los, fang mich!
TAP
Mih!
Klar!

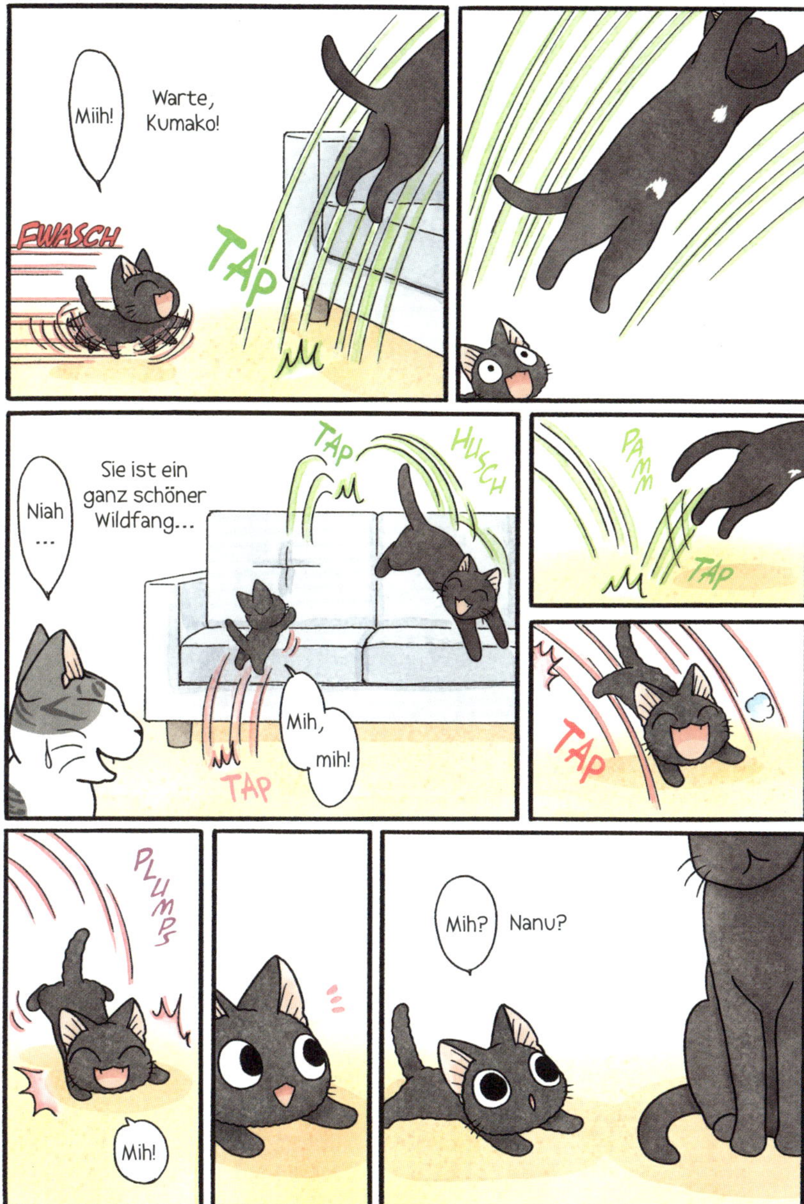
Miih!
Warte, Kumako!
FWASCH
TAP
Niah …
Sie ist ein ganz schöner Wildfang…
TAP
HUSCH
Mih, mih!
TAP
PAMM
TAP
TAP
PLUMPS
Mih!
Mih?
Nanu?

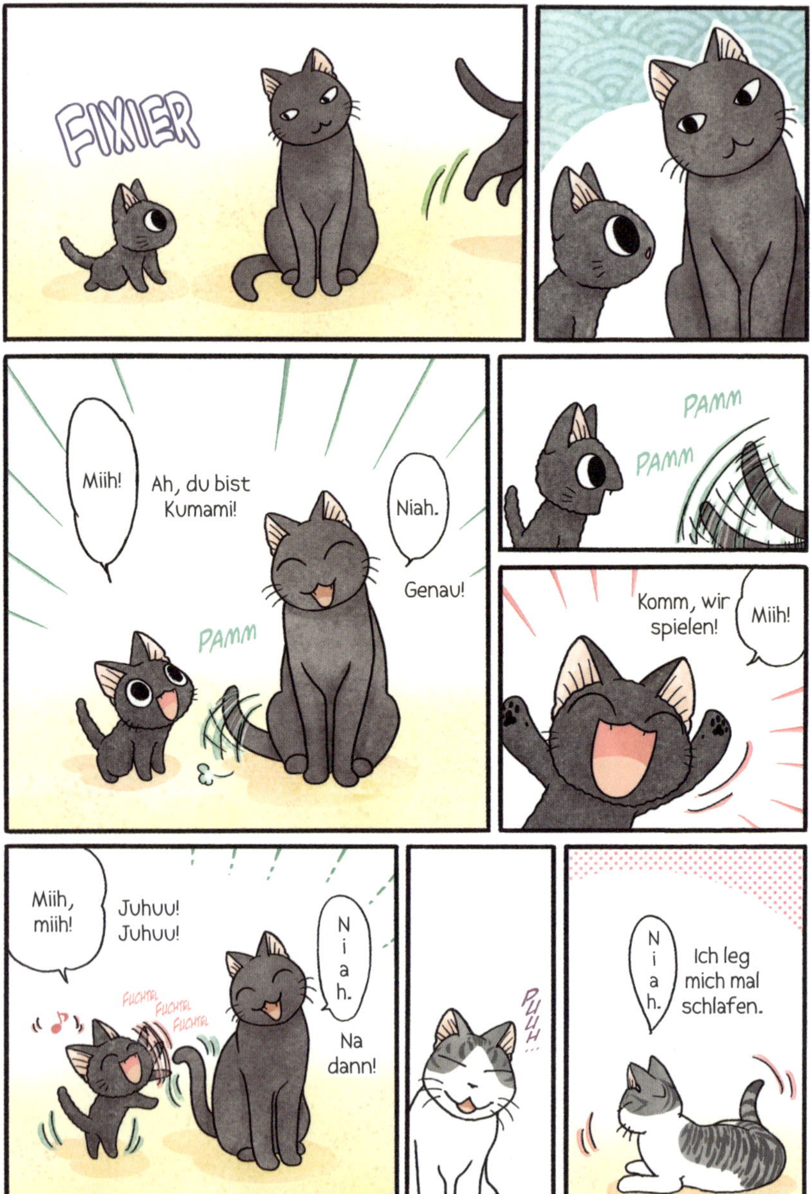
FIXIER
Miih!
Ah, du bist Kumami!
Niah.
Genau!
PAMM
PAMM
PAMM
Komm, wir spielen!
Miih!
Miih, miih!
Juhuu! Juhuu!
FUCHTEL FUCHTEL FUCHTEL
Niah.
Na dann!
PUUH...
Niah.
Ich leg mich mal schlafen.

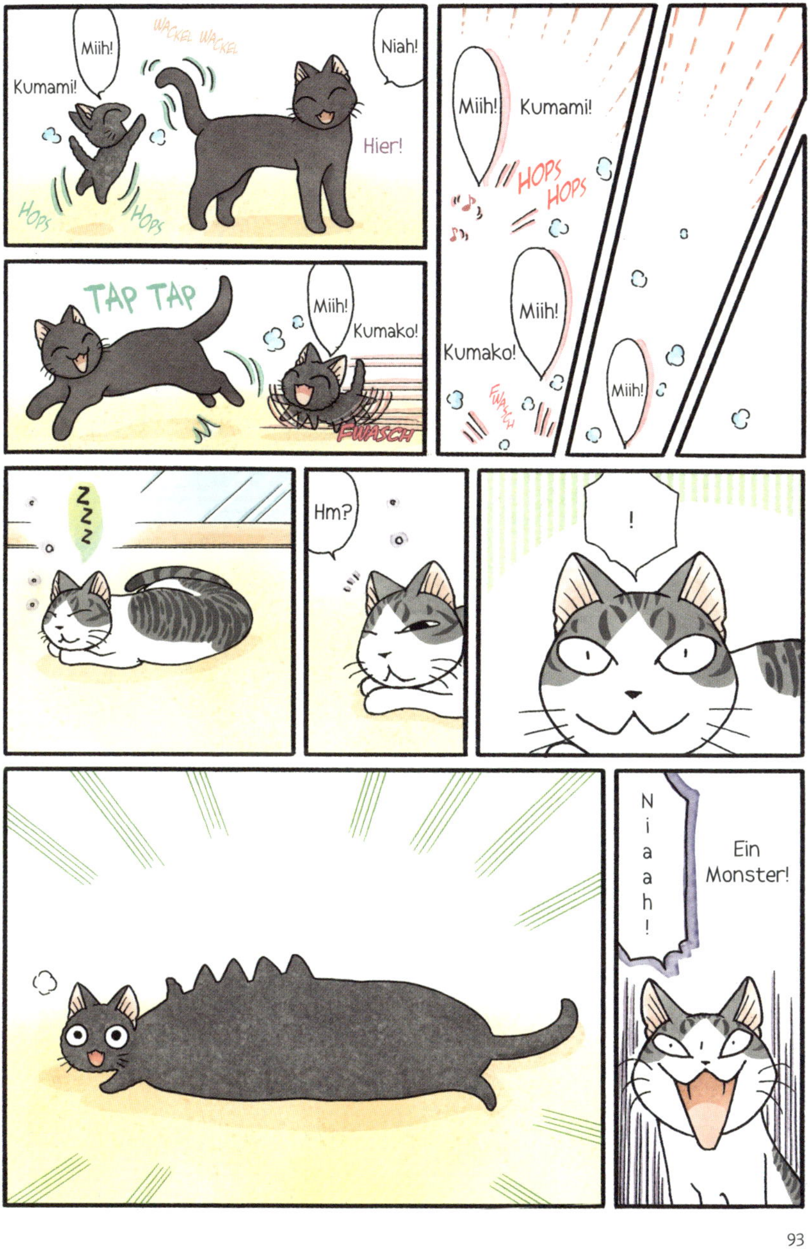
Miih!
Kumami!
WACKEL WACKEL
Niah!
Hier!
HOPS HOPS
TAP TAP
Miih!
Kumako!
FWASCH
Miih! Kumami!
HOPS HOPS
Miih!
Kumako!
FWASCH
Miih!
ZZZ
Hm?
!
Niaah!
Ein Monster!

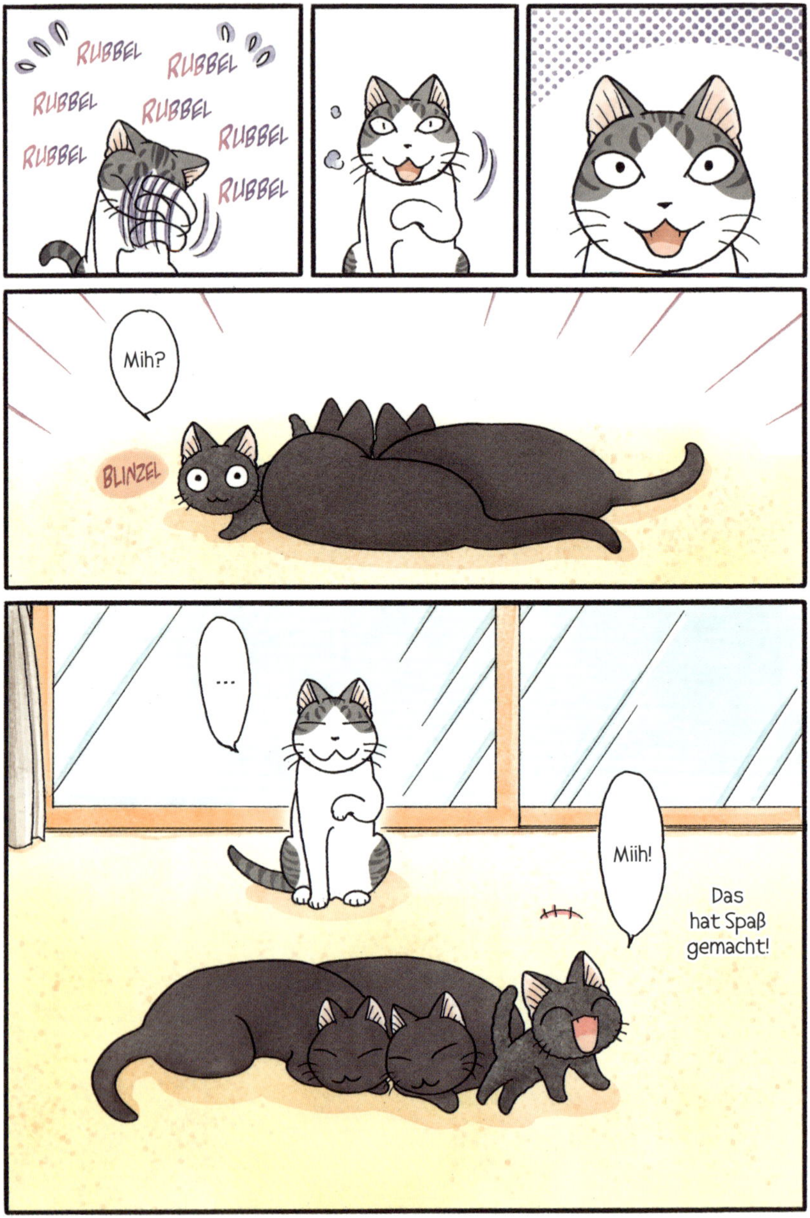
RUBBEL
RUBBEL
RUBBEL
RUBBEL
RUBBEL
RUBBEL
RUBBEL
Mih?
BLINZEL
...
Miih!
Das hat Spaß gemacht!

MIAU 31 Aufstehen, Natsuki!

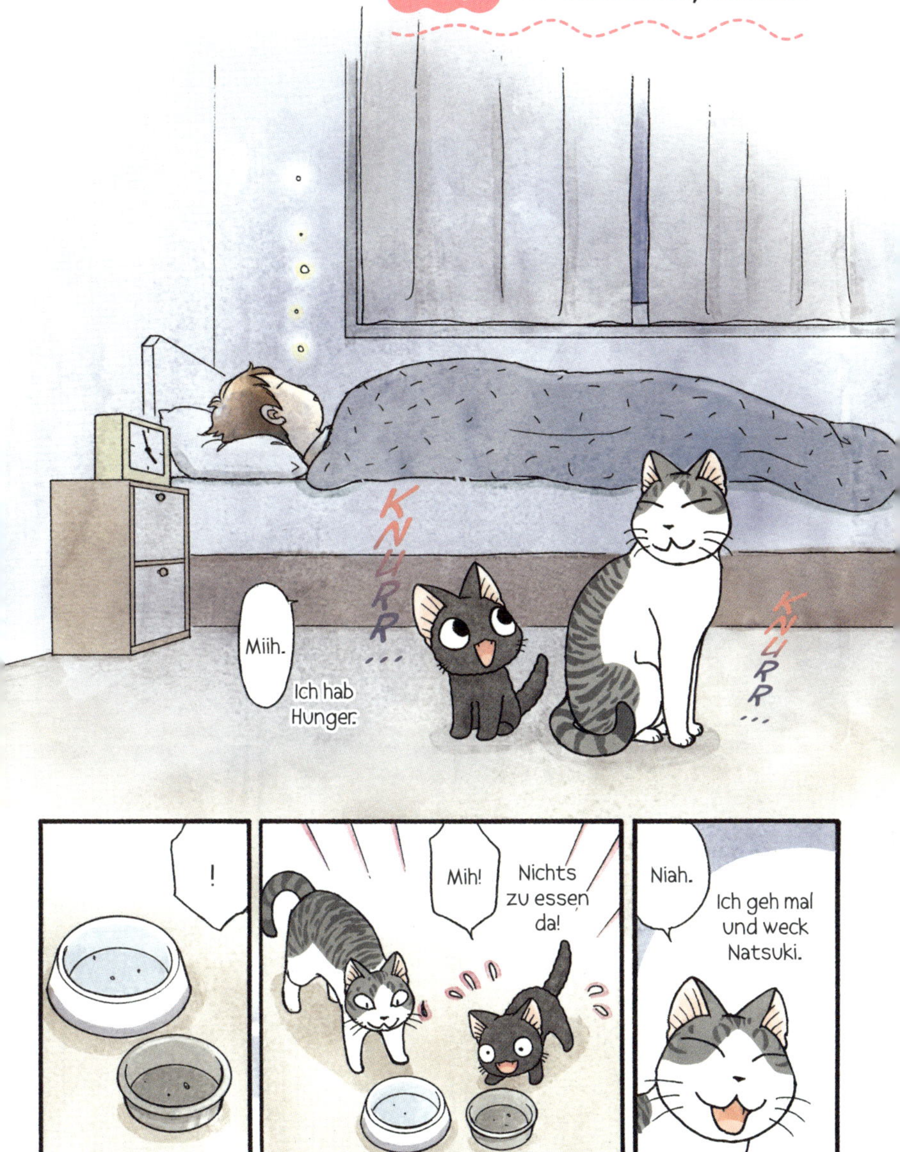

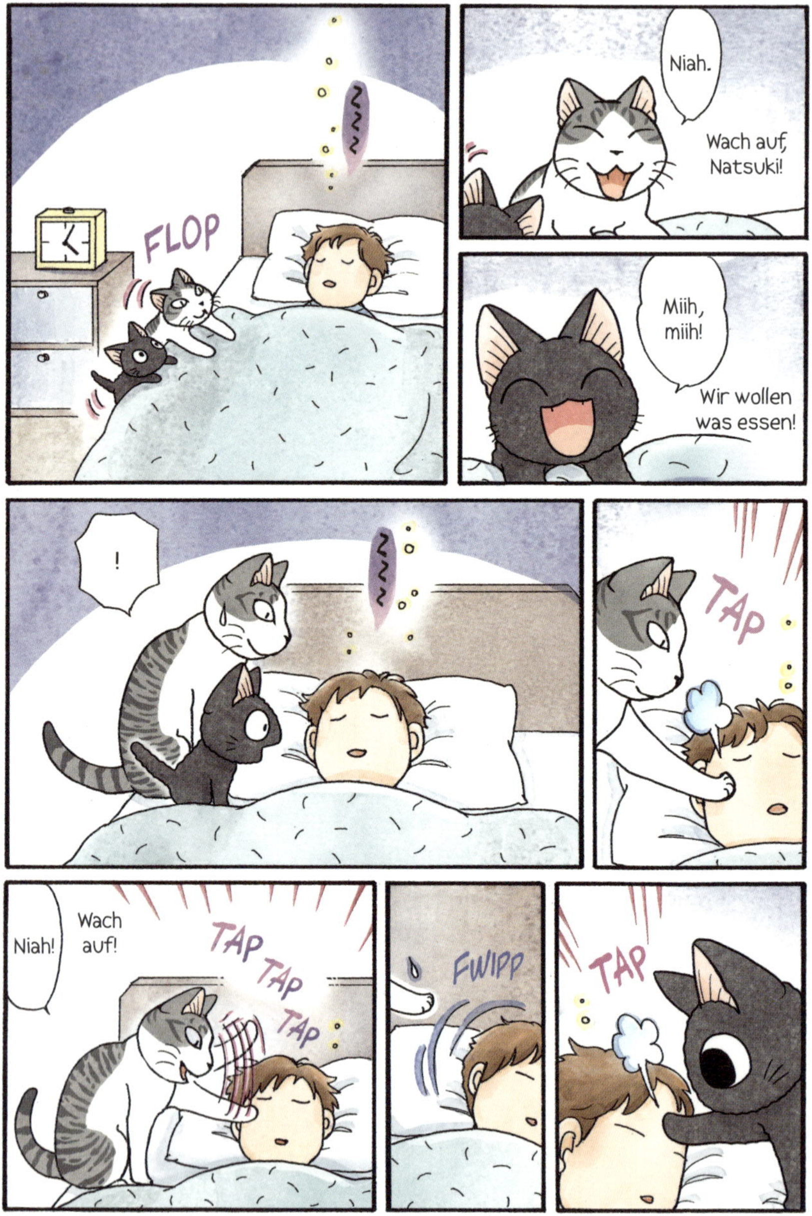
FLOP
Niah.
Wach auf, Natsuki!
Miih, miih!
Wir wollen was essen!
!
TAP
Niah!
Wach auf!
TAP TAP TAP
FWIPP
TAP

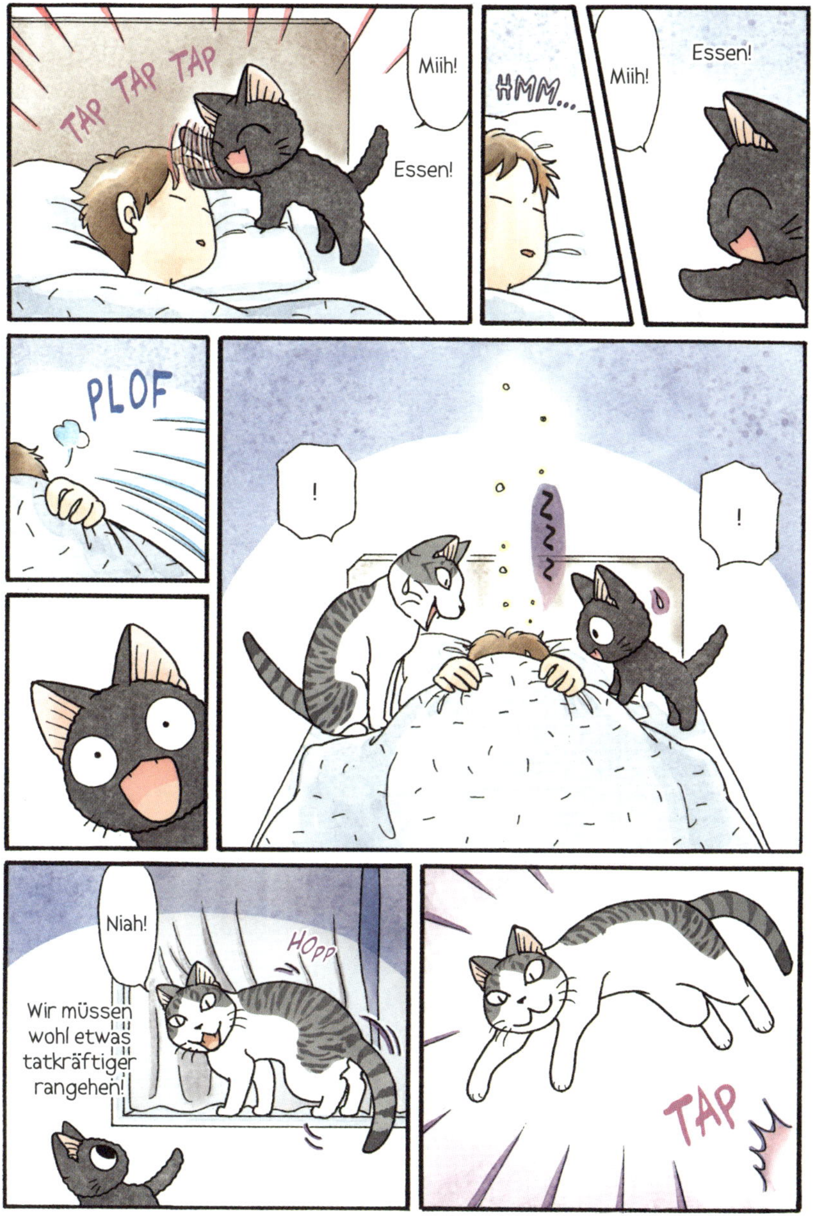
TAP TAP TAP
Miih!
Essen!
HMM...
Miih!
Essen!
PLOF
!
!
Z Z Z
Niah!
HOPP
Wir müssen wohl etwas tatkräftiger rangehen!
TAP

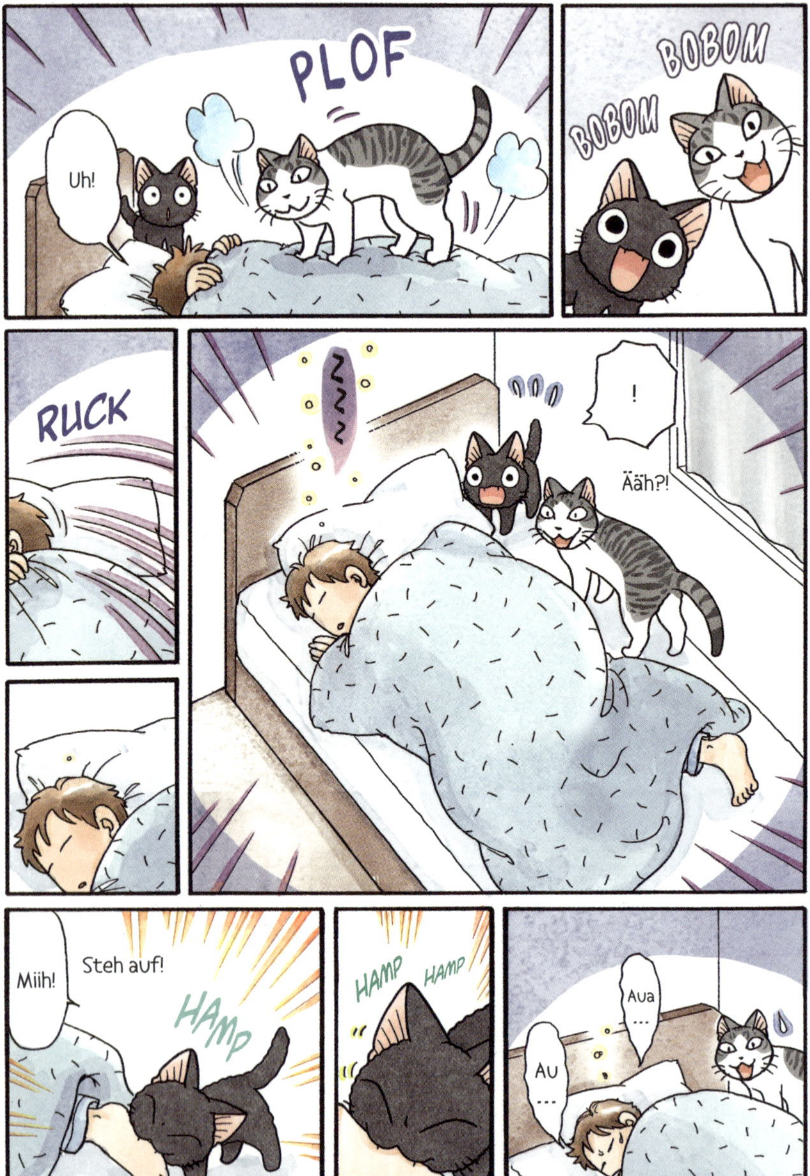
PLOF
Uh!
BOBOM
BOBOM
RUCK
ZZZ
!
Ääh?!
Miih!
Steh auf!
HAMP
HAMP
HAMP
Aua ...
Au ...

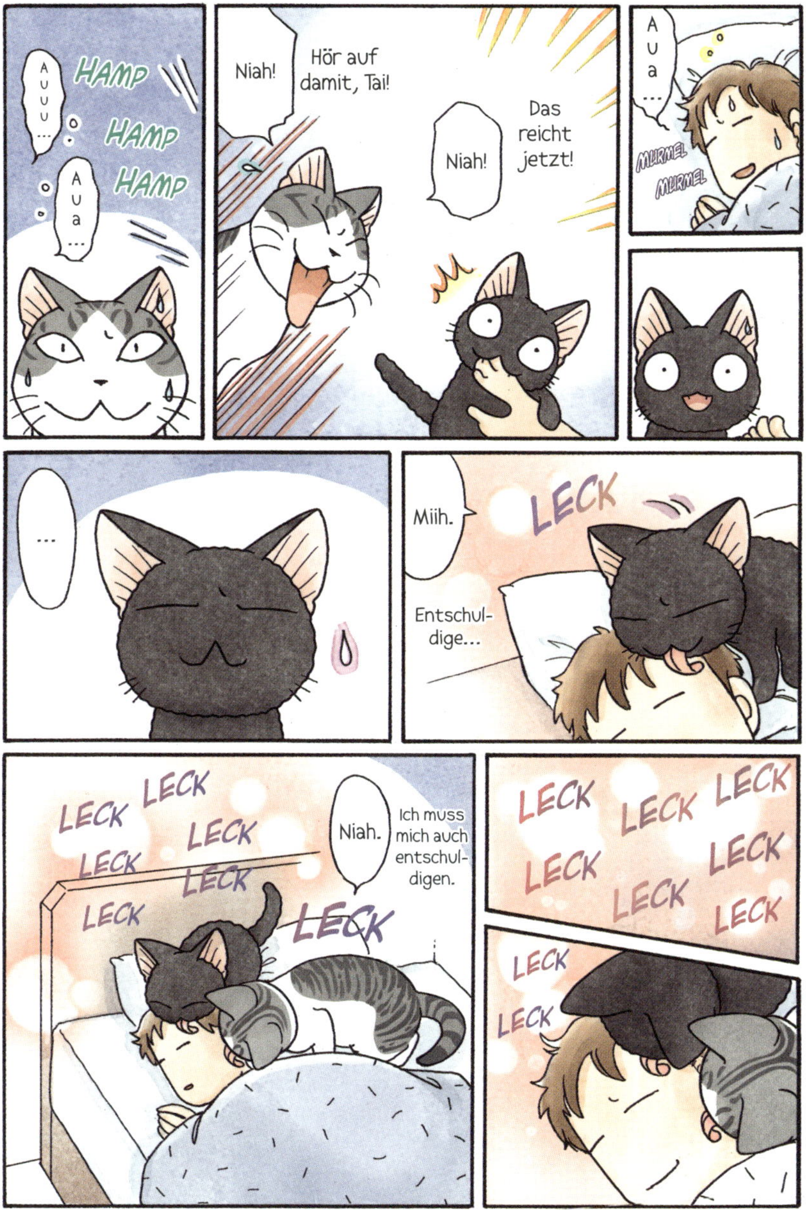

Auuu…
HAMP
HAMP
HAMP
Aua…
Niah!
Hör auf damit, Tai!
Niah!
Das reicht jetzt!
Aua…
MURMEL
MURMEL
…
Miih.
LECK
Entschuldige…
LECK
LECK
LECK
LECK
LECK
LECK
Niah.
Ich muss mich auch entschuldigen.
LECK
LECK
LECK
LECK
LECK
LECK
LECK
LECK
LECK

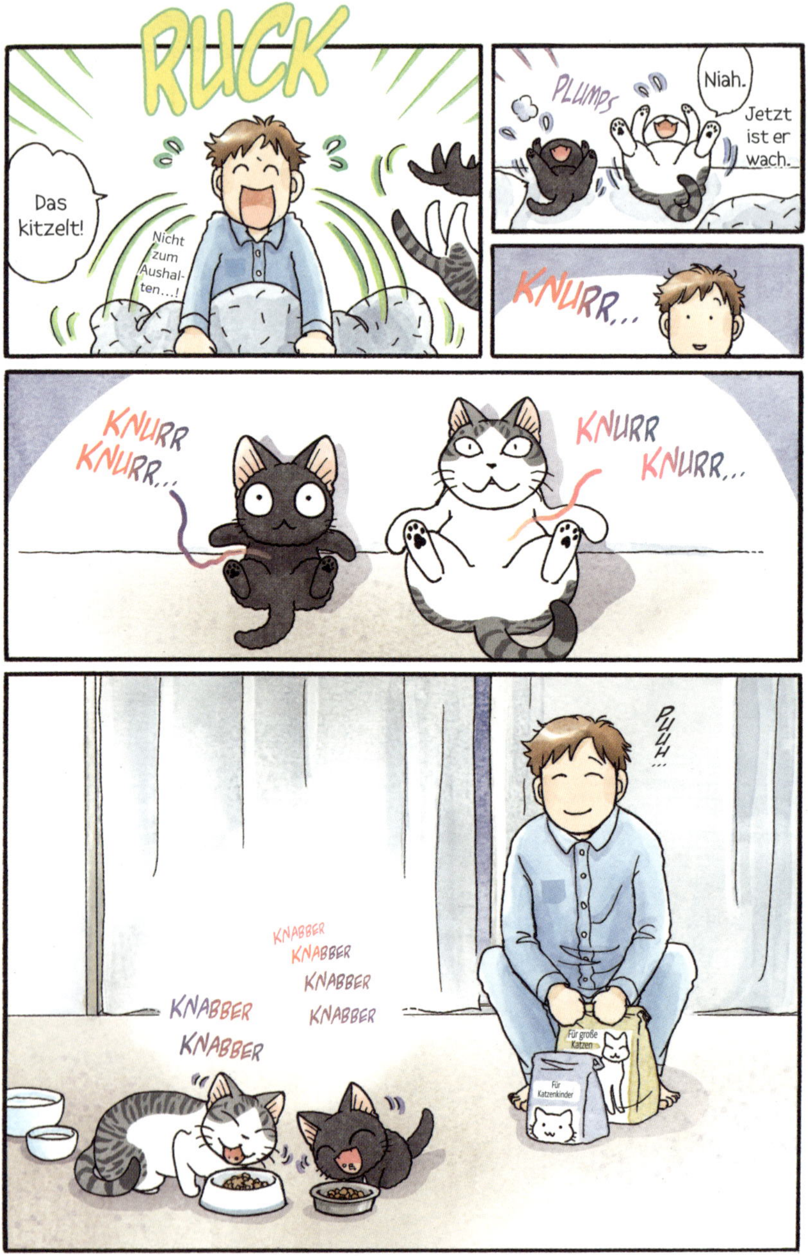
RUCK
Das kitzelt!
Nicht zum Aushal-ten…!
PLUMPS
Niah.
Jetzt ist er wach.
KNURR…
KNURR KNURR…
KNURR KNURR…
PUUH…
KNABBER KNABBER
KNABBER KNABBER KNABBER KNABBER
Für große Katzen
Für Katzenkinder

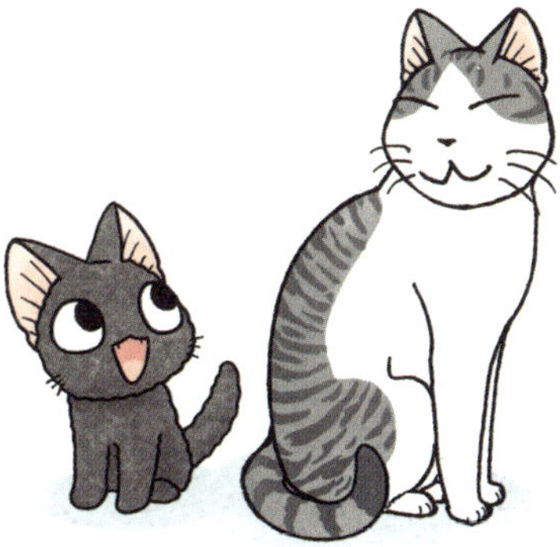

Kleiner Tai & Omi Sue

MIAU 32 Ab ins Karpfenkostüm!

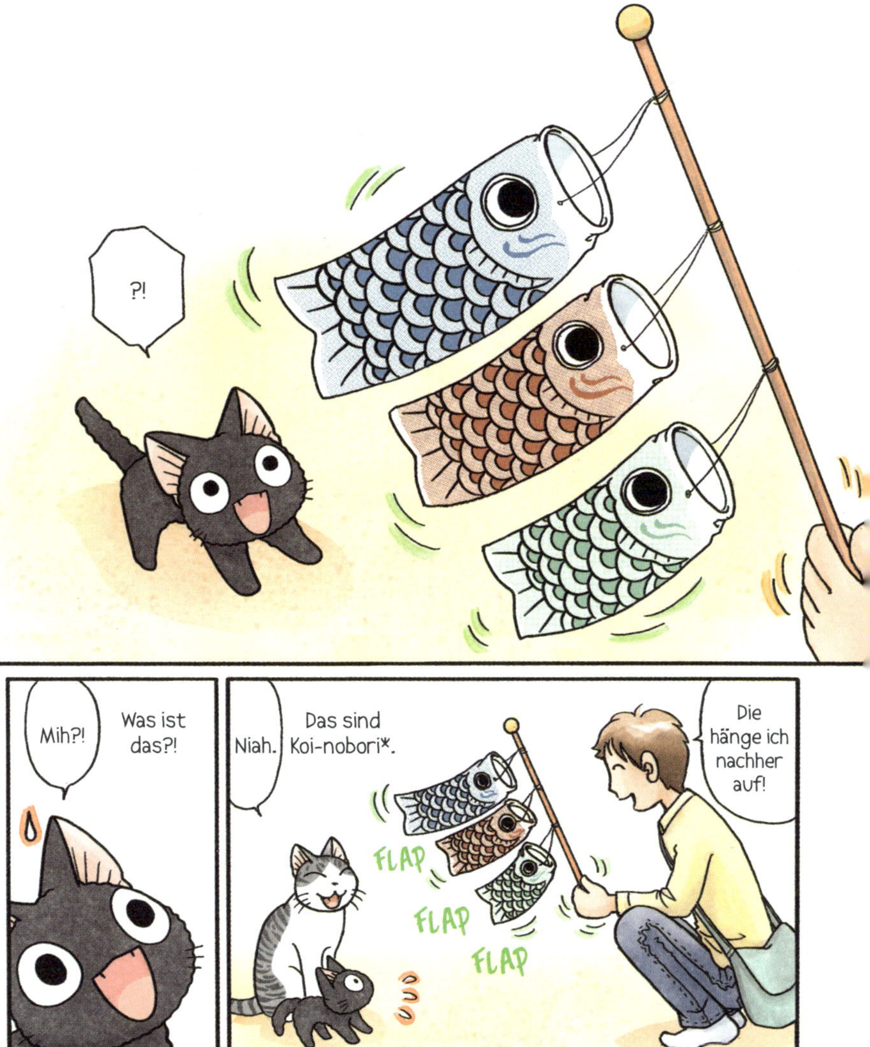

* Windsäckchen in Form von Karpfen, die zum Kindertag am 5. Mai aufgehängt werden

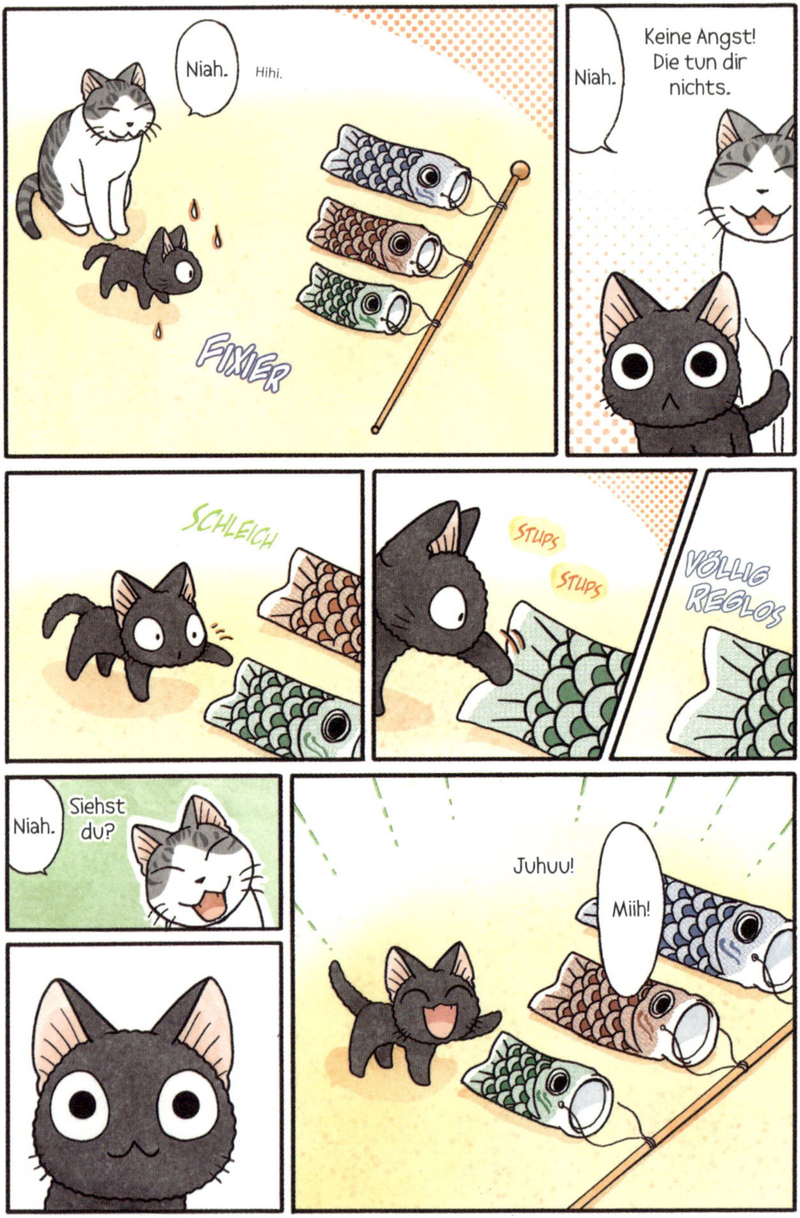
Niah.
Hihi.
FIXIER
Niah.
Keine Angst! Die tun dir nichts.
SCHLEICH
STUPS
STUPS
VÖLLIG REGLOS
Niah.
Siehst du?
Juhuu!
Miih!

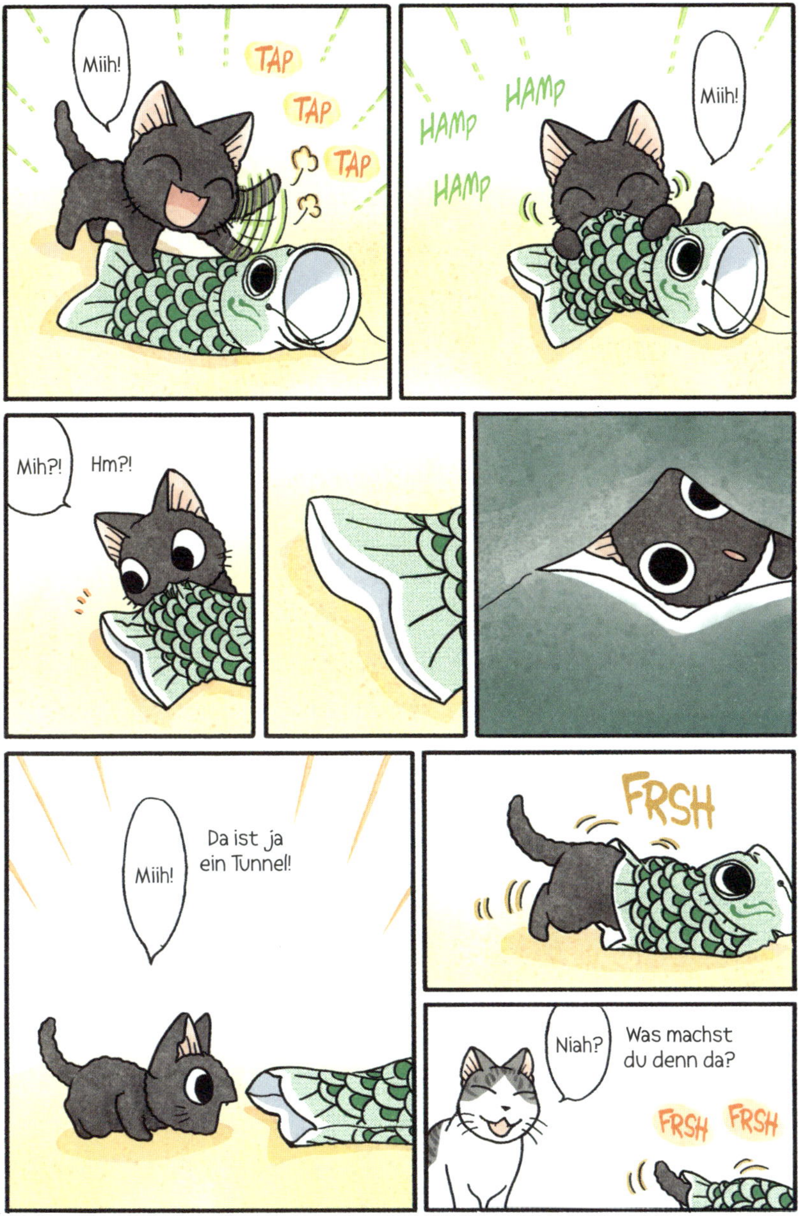
Miih!
TAP
TAP
TAP
HAMP
HAMP
HAMP
Miih!
Mih?!
Hm?!
Miih!
Da ist ja ein Tunnel!
FRSH
Niah?
Was machst du denn da?
FRSH
FRSH

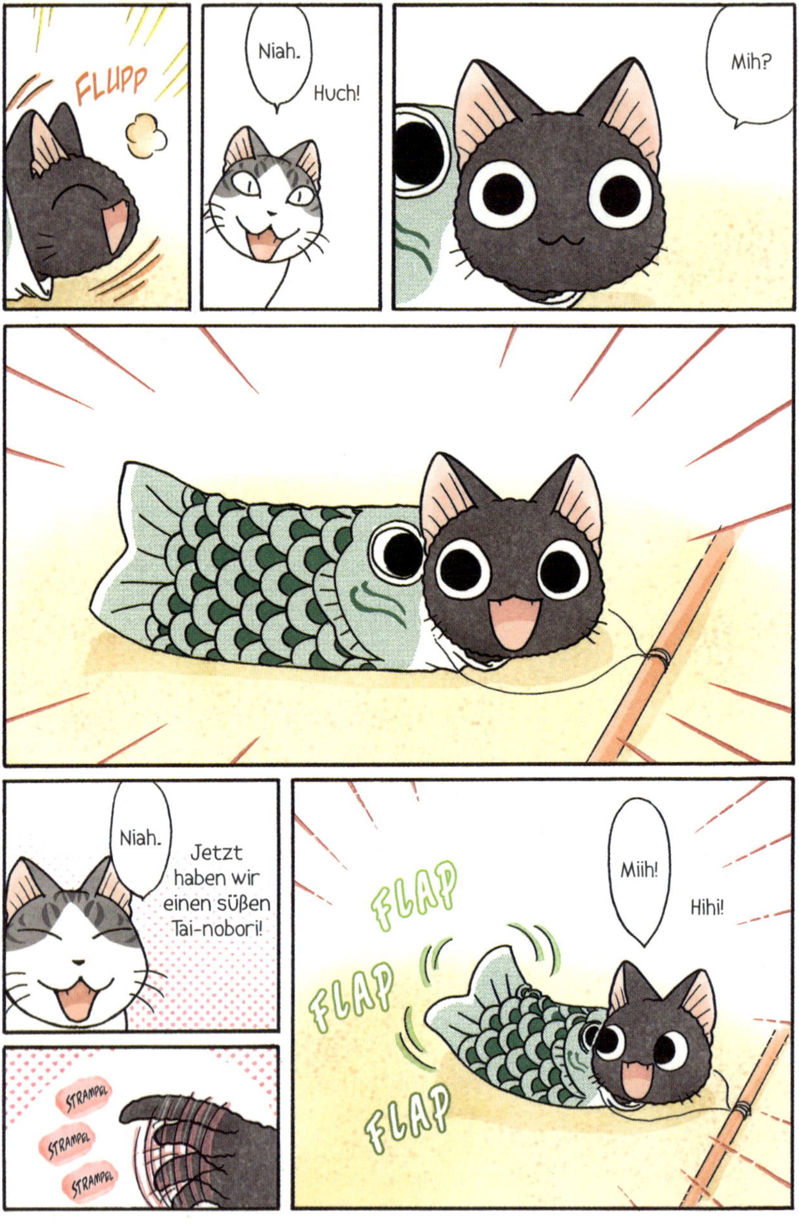

FLUPP
Niah.
Huch!
Mih?
Niah.
Jetzt haben wir einen süßen Tai-nobori!
STRAMPEL
STRAMPEL
STRAMPEL
Miih!
Hihi!
FLAP
FLAP
FLAP

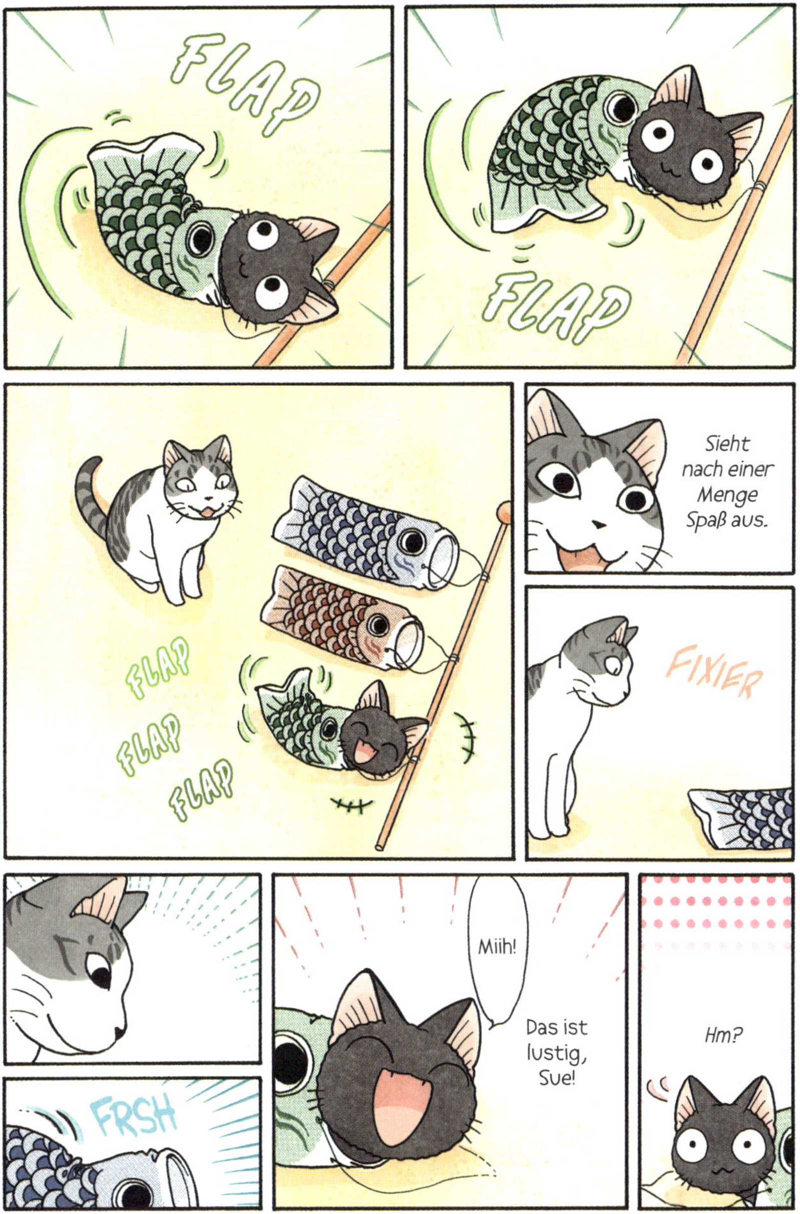
FLAP
FLAP
FLAP
FLAP
FLAP
Sieht nach einer Menge Spaß aus.
FIXIER
FRSH
Miih!
Das ist lustig, Sue!
Hm?

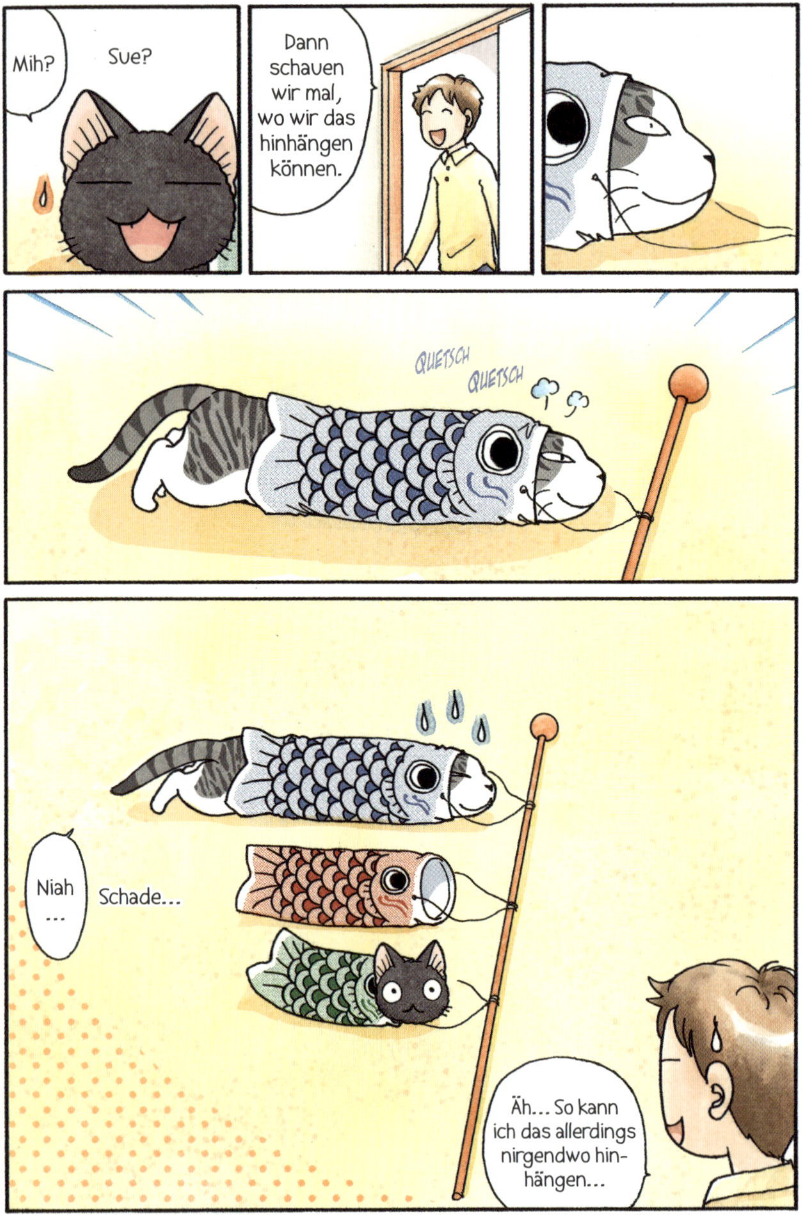
Mih?
Sue?
Dann schauen wir mal, wo wir das hinhängen können.
QUETSCH
QUETSCH
Niah …
Schade…
Äh… So kann ich das allerdings nirgendwo hin-hängen…

MIAU 33 Verstecken mit Schrecken

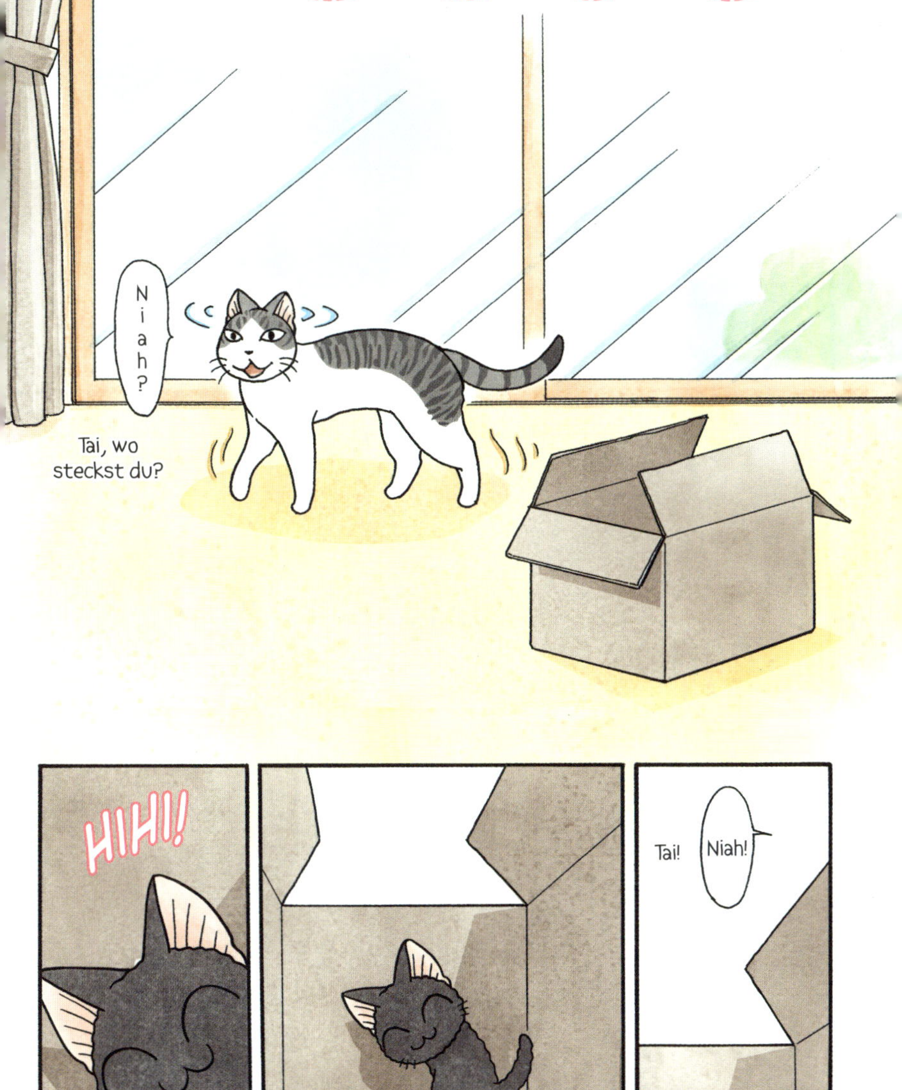

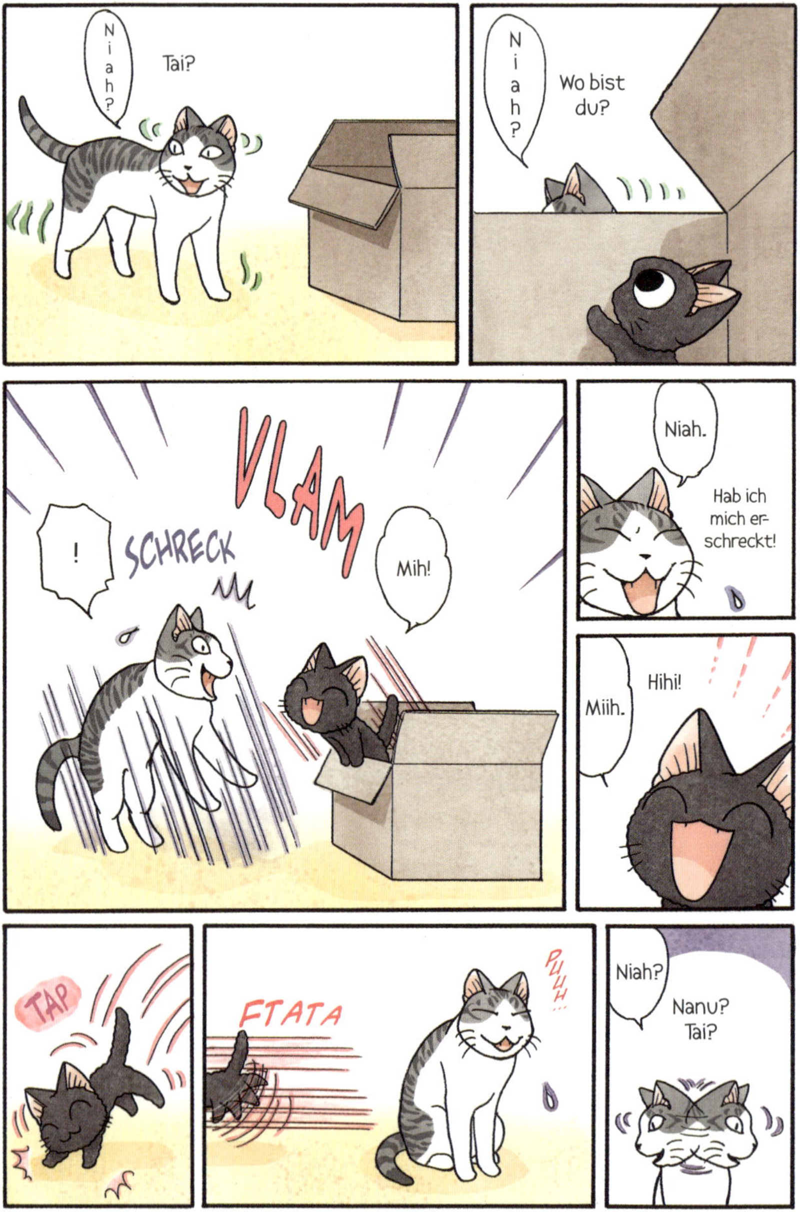
Niah?
Tai?
Niah?
Wo bist du?
!
SCHRECK
VLAM
Mih!
Niah.
Hab ich mich erschreckt!
Miih.
Hihi!
TAP
FTATA
PUUH ...
Niah?
Nanu? Tai?

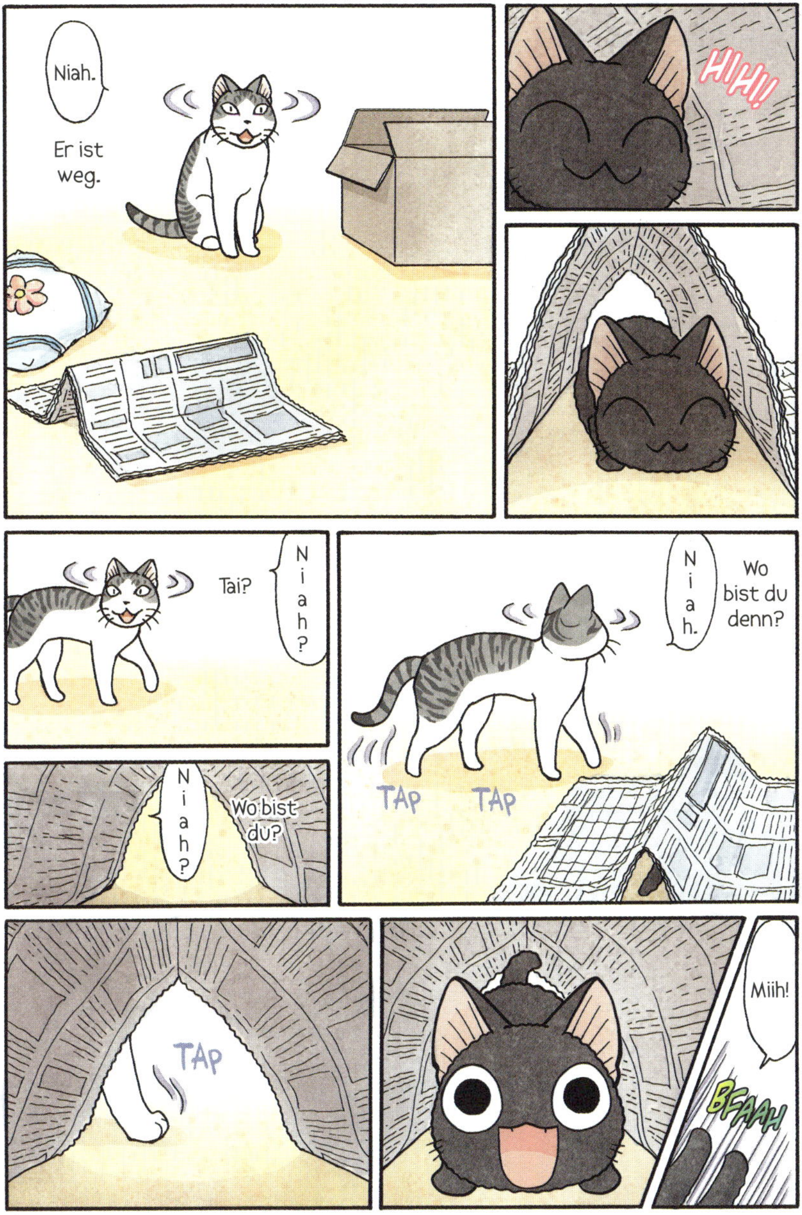

Niah.
Er ist weg.
HIHI!
Tai?
Niah?
Niah.
Wo bist du denn?
TAP TAP
Niah?
Wo bist du?
TAP
Miih!
BFAAH

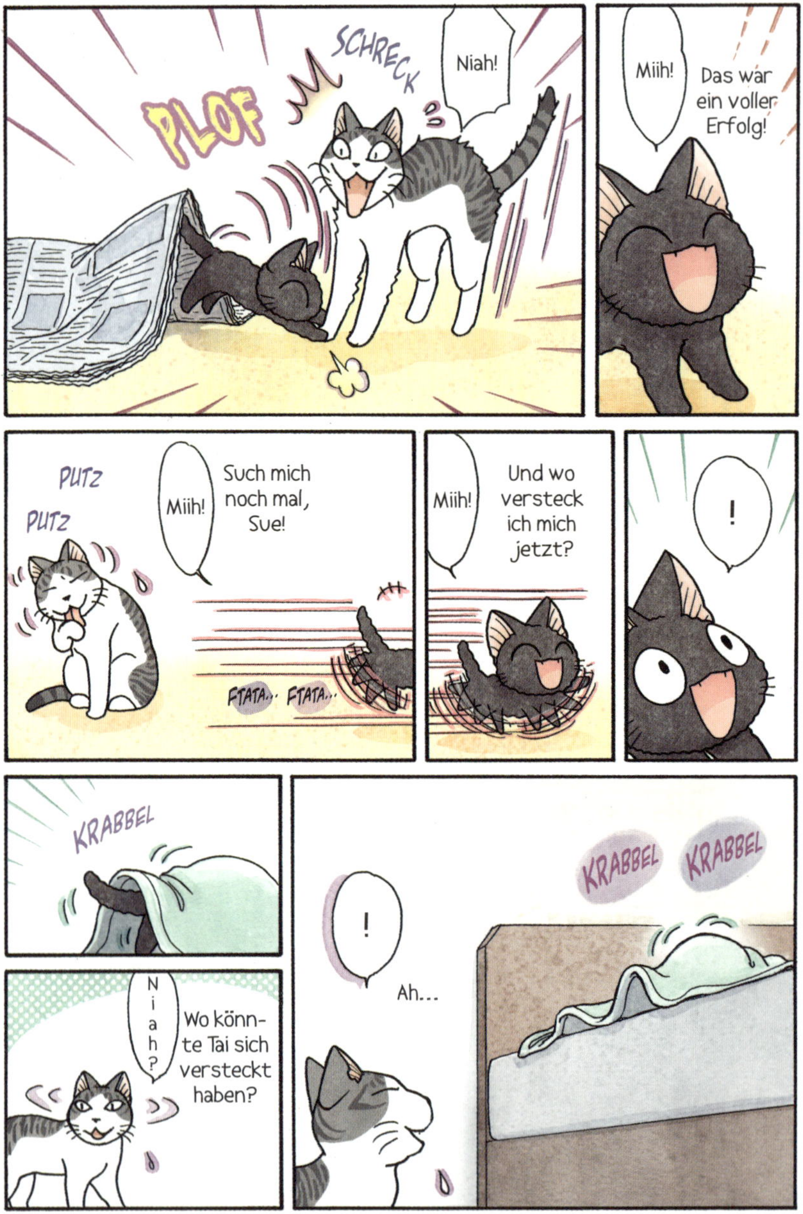
PLOF
SCHRECK
Niah!
Miih!
Das war ein voller Erfolg!
PUTZ
PUTZ
Miih!
Such mich noch mal, Sue!
FTATA... FTATA...
Miih!
Und wo versteck ich mich jetzt?
!
KRABBEL
Niah?
Wo könnte Tai sich versteckt haben?
KRABBEL
KRABBEL
!
Ah...

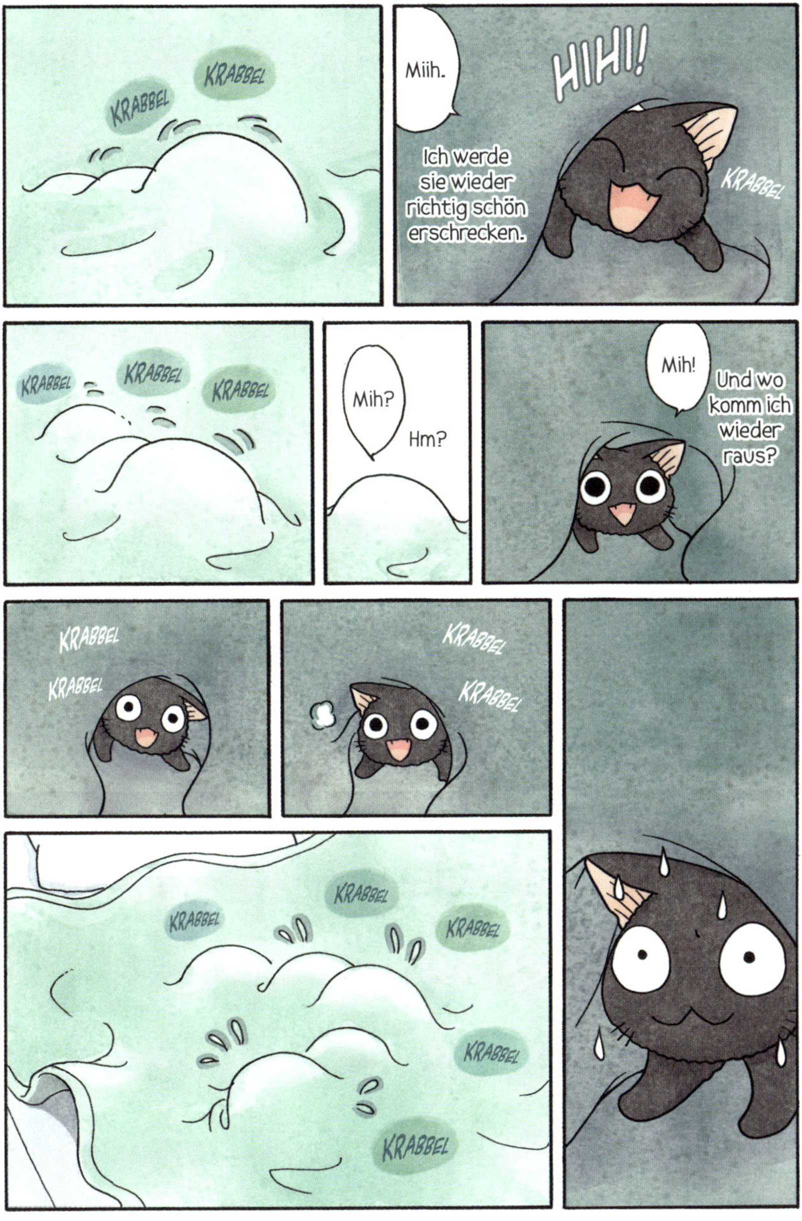
KRABBEL
KRABBEL
Miih.
HIHI!
Ich werde sie wieder richtig schön erschrecken.
KRABBEL
KRABBEL
KRABBEL
KRABBEL
Mih?
Hm?
Mih!
Und wo komm ich wieder raus?
KRABBEL
KRABBEL
KRABBEL
KRABBEL
KRABBEL
KRABBEL
KRABBEL
KRABBEL
KRABBEL

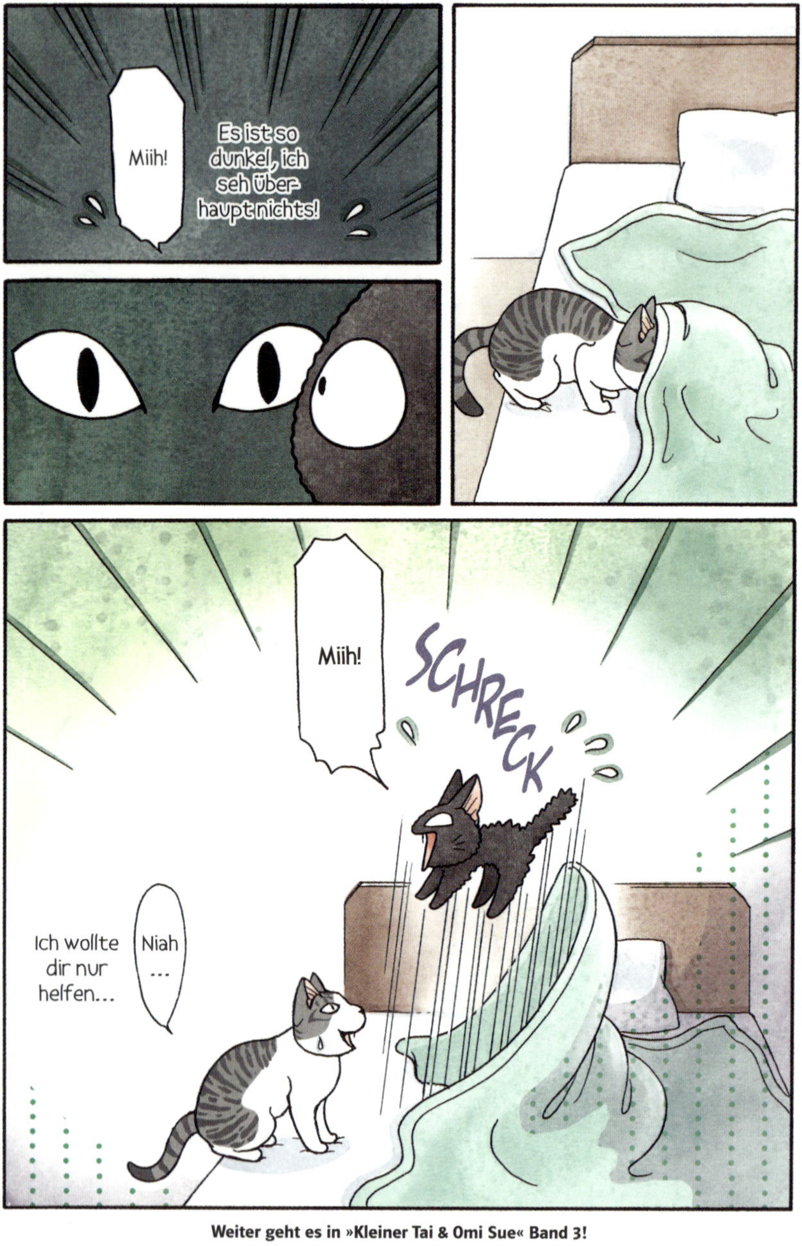

Weiter geht es in »Kleiner Tai & Omi Sue« Band 3!

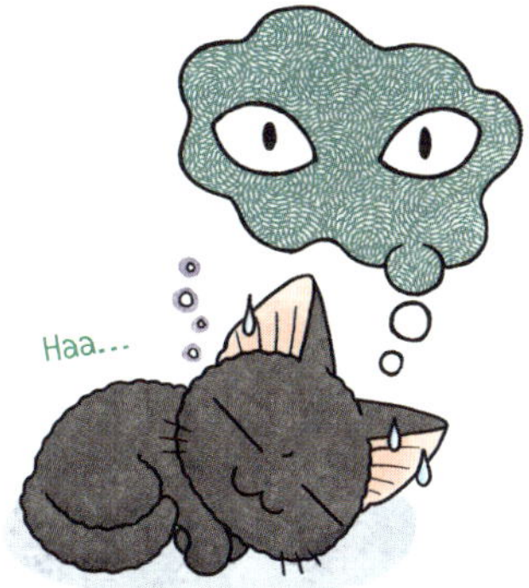
Haa...

Fotowettbewerb »Meine Katze«!

HIER SIND DIE GEWINNER!

Anlässlich der Veröffentlichung des ersten Bands von »Kleiner Tai & Omi Sue« haben wir einen Fotowettbewerb mit dem Titel »Meine Katze« ausgerufen. Und es haben so viele wundervolle Katzen teilgenommen – einfach großartig ♪ Hier präsentieren wir das Katzenduo, das den Grand Prix gewonnen hat, sowie die fünf Katzen, die ebenfalls einen Preis erhalten haben!

Grand Prix

Kumako & Kumami

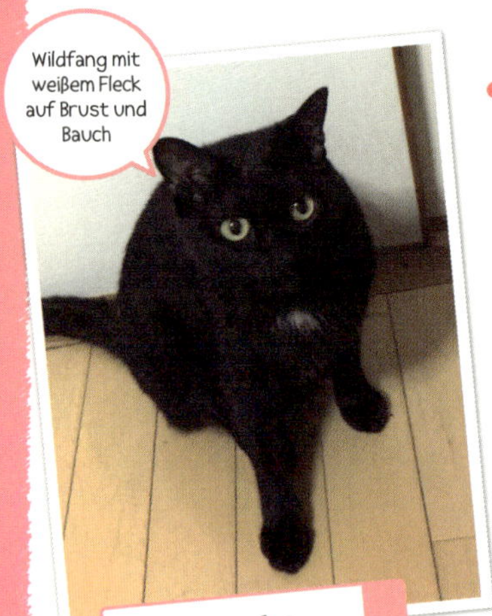

Kumako

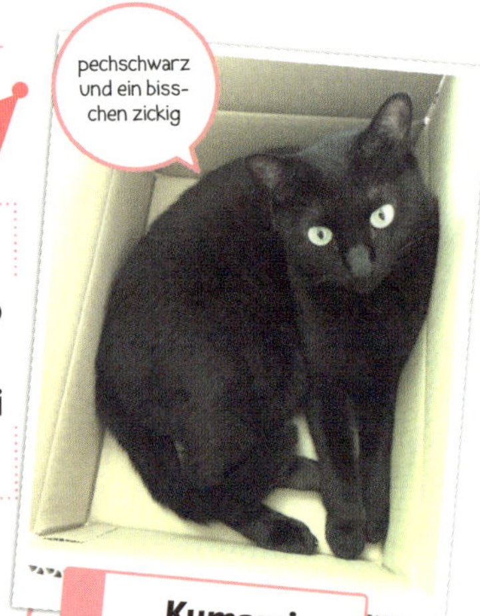

Kumami

Kumami und Kumako haben einen Gastauftritt in Miau 30! ♪

Auf den ersten Blick ähneln sie sich aufs Fellhaar. Doch genauer betrachtet sind die zwei doch ziemlich unterschiedlich. Und so bringen sie ganz schön Leben in die Bude von Tai & Sue. ♥

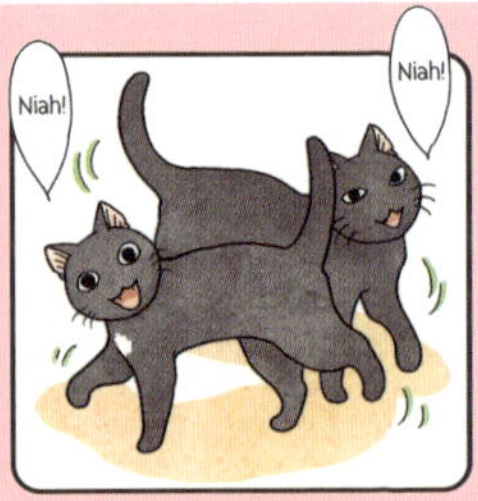

Preisträger

Greco, Mugi, Yuri, Ram, Lady

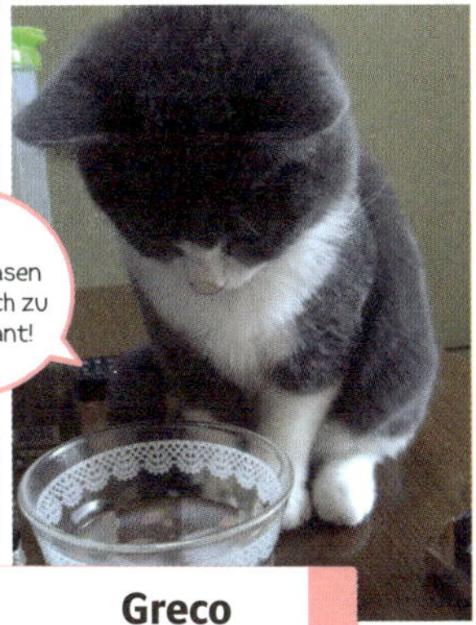

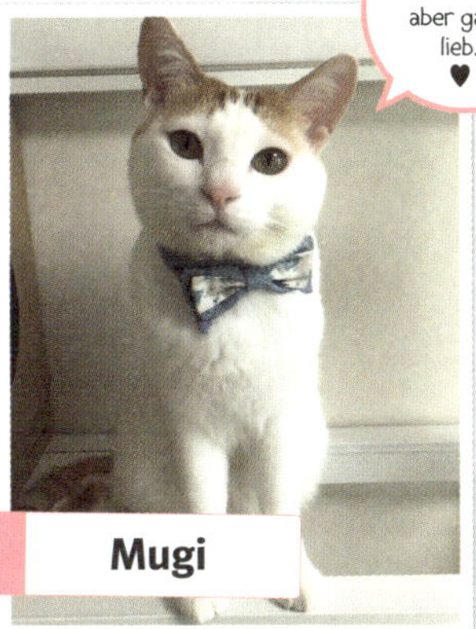

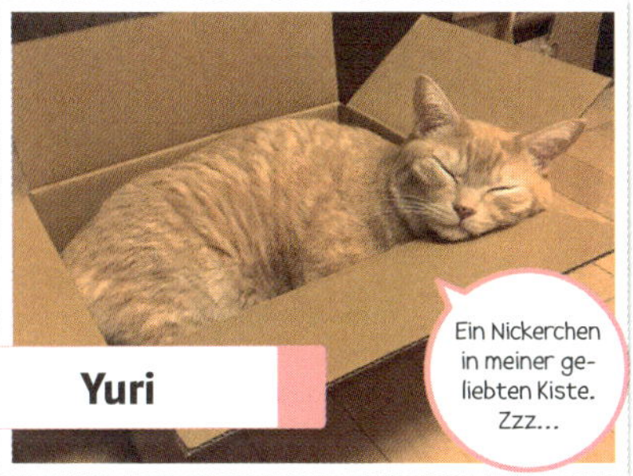

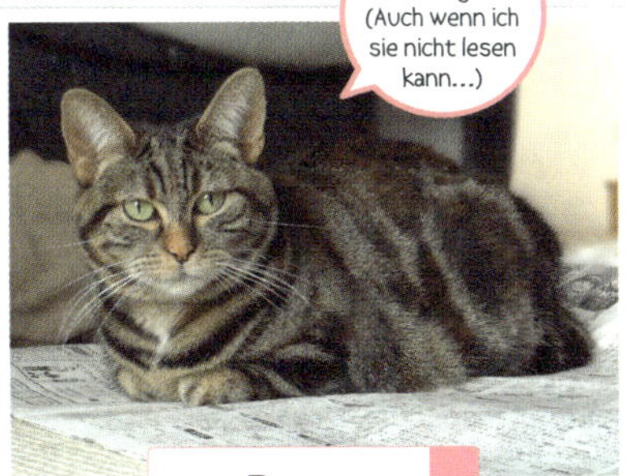

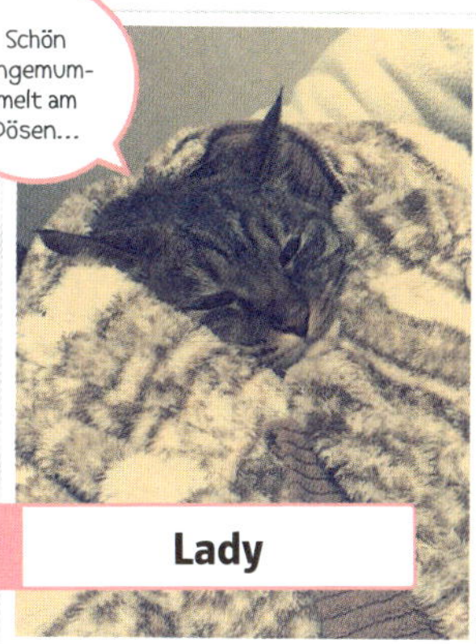

Im nächsten Band…

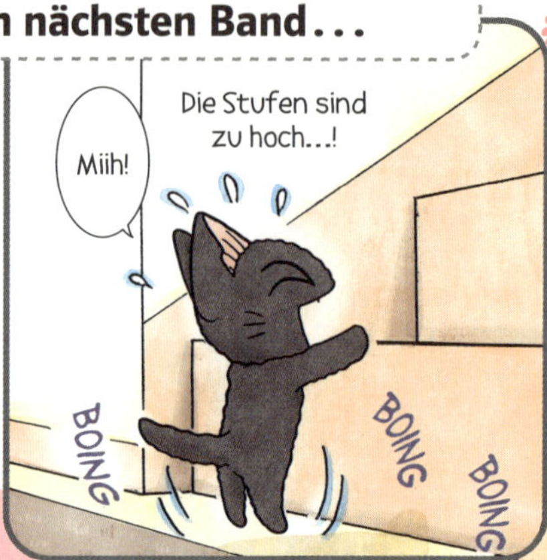

So ein kleines Kätzchen macht es einer älteren Katzendame nicht leicht…

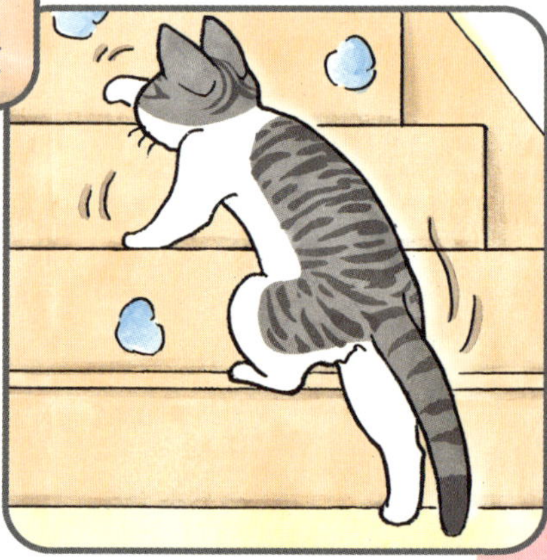

… aber Sue und Tai verstehen sich trotzdem bestens!!

Was auch immer sie tun…

… sie sind zusammen. ♥

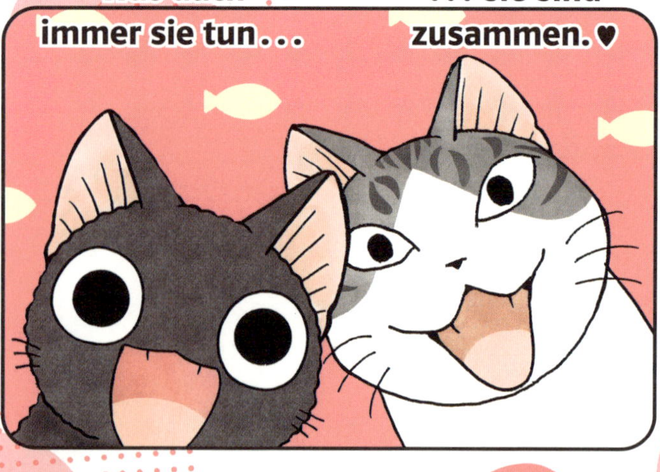

Mit schlichtweg überwältigender Synchronisationsrate! ♥

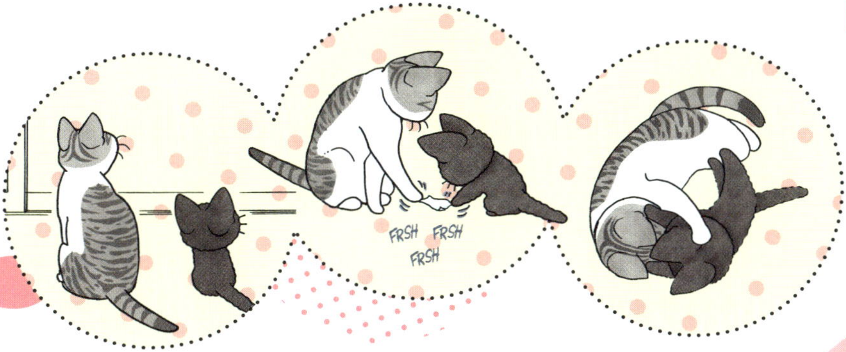

Aber die Trennung steht schon bevor ?!

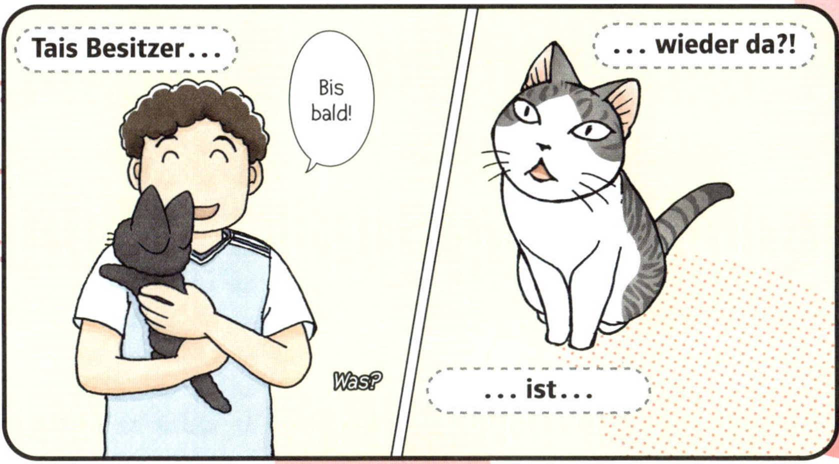

Die Katzenomi & das freche Kätzchen sind ein ungleiches, aber supersüßes Duo! ♡

Bald geht es weiter mit Kleiner Tai & Omi Sue

Band 3

Kleiner Tai & Omi Sue

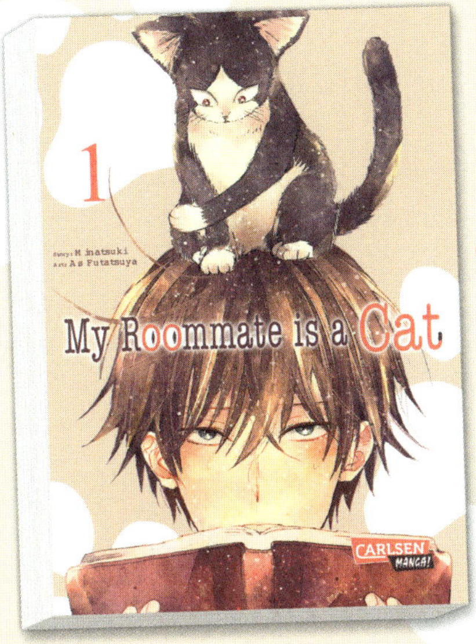

1
Story: Minatsuki
Art: As Futatsuya
My Roommate is a Cat
CARLSEN MANGA!

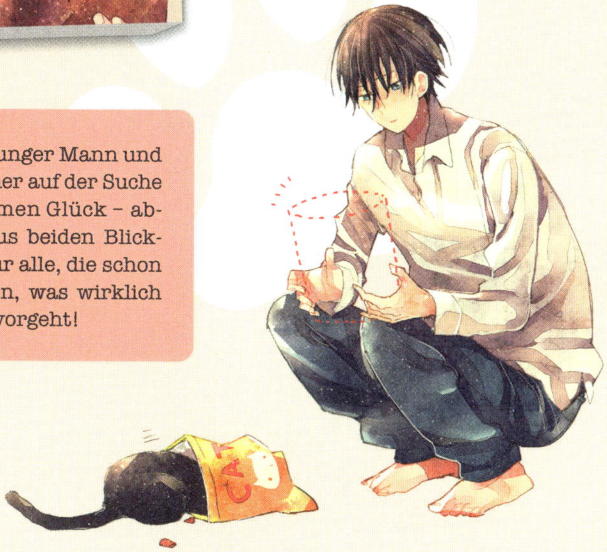

CAT

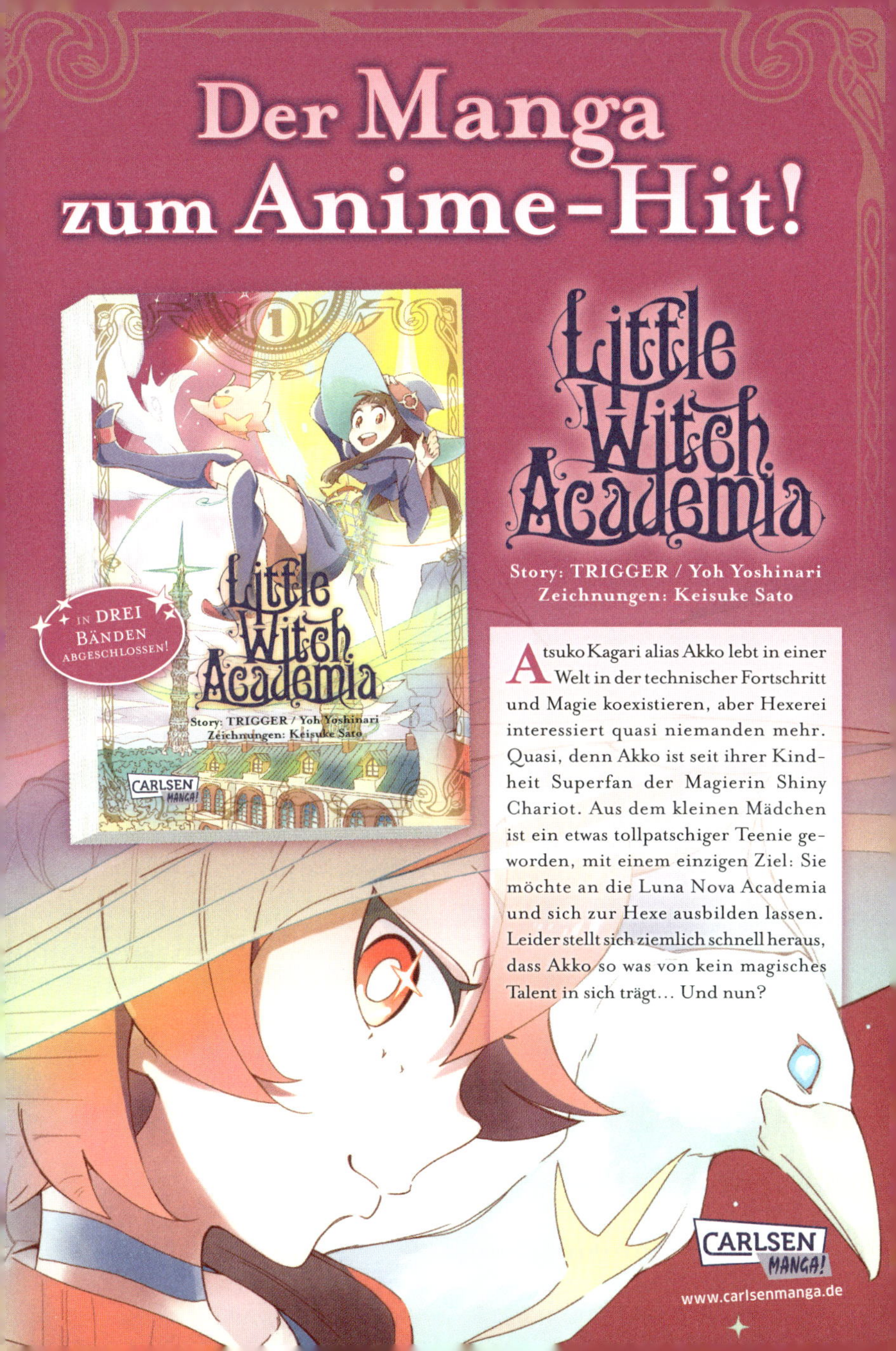
Der Manga zum Anime-Hit!
Little Witch Academia
Story: TRIGGER / Yoh Yoshinari
Zeichnungen: Keisuke Sato
Atsuko Kagari alias Akko lebt in einer Welt in der technischer Fortschritt und Magie koexistieren, aber Hexerei interessiert quasi niemanden mehr. Quasi, denn Akko ist seit ihrer Kindheit Superfan der Magierin Shiny Chariot. Aus dem kleinen Mädchen ist ein etwas tollpatschiger Teenie geworden, mit einem einzigen Ziel: Sie möchte an die Luna Nova Academia und sich zur Hexe ausbilden lassen. Leider stellt sich ziemlich schnell heraus, dass Akko so was von kein magisches Talent in sich trägt… Und nun?
In drei Bänden abgeschlossen!
1
Little Witch Academia
Story: TRIGGER / Yoh Yoshinari
Zeichnungen: Keisuke Sato
CARLSEN MANGA!
CARLSEN MANGA!
www.carlsenmanga.de

Kleiner
Tai &
Omi Sue

All die süßen und nützlichen Sachen, die den kleinen Tai & Omi Sue im Alltag begleiten, zum Sammeln!

Am Ende jedes Bandes findest du etwas Hübsches aus der Welt von »Kleiner Tai & Omi Sue«: Schneide die Teile einfach an den rosa Linien aus, falze an den blauen Linien und klebe alles an den markierten Punkten zusammen – schon hast du eine Mini-Welt mit allem, was für kleine und große Katzen wichtig ist.

Und im nächsten Band findest du mehr! Viel Spaß beim Basteln!

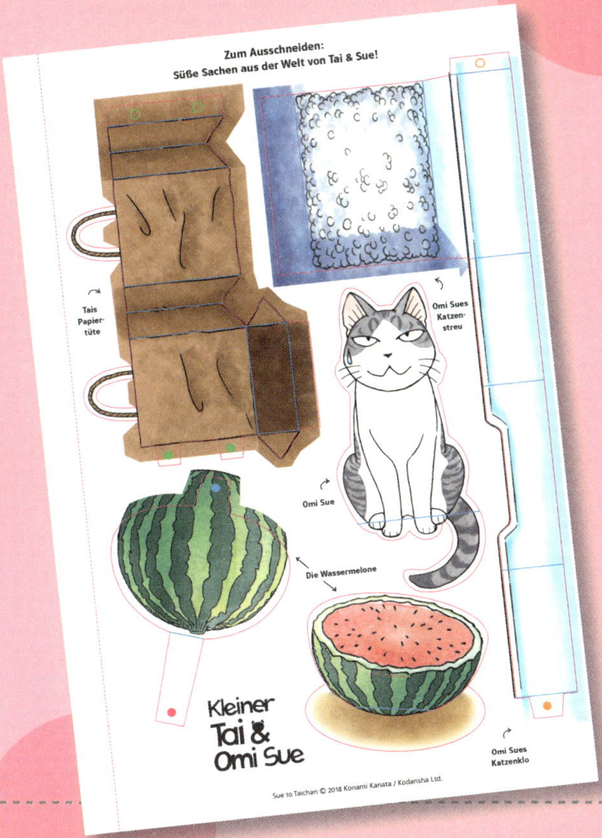

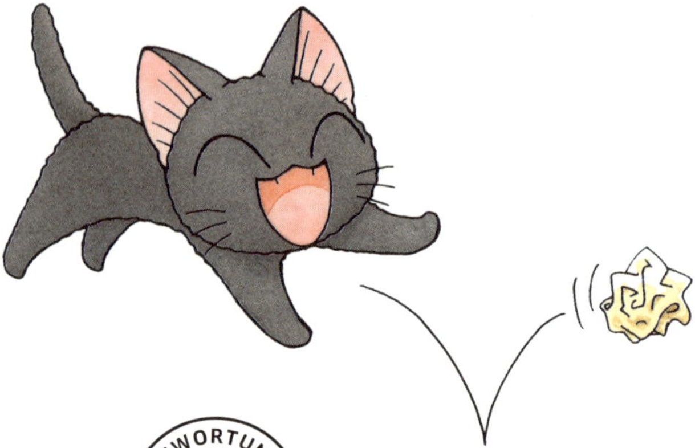

PRODUZIERT MIT VERANTWORTUNG

FSC www.fsc.org
MIX
Papier | Fördert gute Waldnutzung
FSC® C002795

Carlsen Manga! News – jeden Monat neu per E-Mail!
www.carlsenmanga.de
www.carlsen.de

CARLSEN MANGA

Völckersstraße 14-20, 22765 Hamburg
Aus dem Japanischen von Nadja Stutterheim
SUE TO TAICHAN

First published in Japan in 2018 by Kodansha Ltd., Tokyo
Publication rights for this German edition arranged through Kodansha Ltd.
Redaktion: Petra Lohmann
Herstellung: Karen Kollmetz

ISBN: 978-3-551-76508-6

Mit Fragen zur Produktsicherheit wenden Sie sich bitte an:
carlsen.de/kontakt